Shirin Lausch

MIT ANDEREN WURZELN

SHIRIN LAUSCH

Mit anderen Wurzeln

40 Mütter aus aller Herrinnen Länder erzählen

ULRIKE **HELMER** VERLAG

Für dich

www.ulrike-helmer-verlag.de

ISBN 978-3-89741-470-9

Covergestaltung: Atelier KatarinaS / NL
unter Verwendung eines Fotos von © Melita / AdobeStock
Druck: CPI GmbH, Germany
Klimaneutral gedruckt auf FSC-zertifiziertem Frischfaserpapier

Ulrike Helmer Verlag
Klosterhofstr. 3, 65843 Sulzbach am Taunus
info@ulrike-helmer-verlag.de

Inhalt

Vorwort

The purpose of a storyteller is not to tell you how to think,
but to give you questions to think upon.
Brandon Sanderson

Seitdem ich Mutter bin, verbindet mich mit Spielplätzen eine tiefe, innige Hassliebe. Keine Frage – ich genieße es zu sehen, wie mein Sohn fröhlich im Sand buddelt, auf der Schaukel vor Freude juchzt oder triumphierend grinst, wenn er mal wieder bei fremden Kindern einen dieser staubtrockenen, nach nichts schmeckenden Hirsekringel geschnorrt hat. Oft genug empfinde ich die Nachmittage auf dem Spielplatz aber auch als ziemlich langweilig. Meist sind das die Tage, an denen wir niemanden treffen, den wir kennen. Und ich dann für den Bau der Sandburg zuständig bin und stundenlang lustlos Sand in Plastikeimerchen schippe.

An einem solchen Nachmittag schweiften meine Gedanken wieder einmal in die Ferne und meine Blicke über den Spielplatz. Plötzlich fiel mir eine Mutter mit großflächigem Tattoo auf ihrem Oberarm auf. Dargestellt war eine nackte, schwangere Frau, die liebevoll ihren Bauch streichelte. Sie stand unter einem wunderschönen, blühenden Baum mit tief in die Erde ragenden Wurzeln. Hinter der Schwangeren lauerte im Schatten des Baumes ein Skelett. Sein kahler Totenschädel grinste leblos und die dünnen Knochenfinger streckten sich bedrohlich nach der Frau und ihrem Bauch aus. Es lief mir eiskalt den Rücken hinunter. Gleichzeitig war ich wie gebannt. Ich kam nicht umhin mir auszumalen, welch existenzielle Erfahrung diese Mutter wohl gemacht haben musste, um ihre Haut mit einem solchen Motiv zu versehen.

Werden, Sein. Leben, Sterben. Mutter, Kind. Wurzeln, Blüten. Herkunft, Zukunft. Welche Geschichte über ihre Mutterschaft würde die Trägerin dieses Tattoos zu erzählen haben?

Ich erinnerte mich noch gut an die ersten Lebensmonate meines Sohnes und an meine eigene Geschichte über Mutterschaft in dieser Zeit. Neben all den körperlichen und emotionalen Veränderungen, die eine Schwangerschaft und Geburt mit sich bringen, war für mich vor allem der Schlafmangel eine absolute Grenzerfahrung. Wenn ich meinen schlummernden Sohn im Kinderwagen durch unsere Nachbarschaft schob, betrachtete ich wütend all die Menschen, die abends einfach ins Bett gehen, durchschlafen und am nächsten Morgen von einem mechanischen (und keinem lebendigen!) Wecker geweckt werden würden – und dann noch einmal die Schlummertaste drücken dürfen und nicht sofort auf Abruf stehen müssen. Am liebsten wollte ich diesen Menschen ihre Privilegiertheit in die Ohren brüllen. Phasenweise war ich so erschöpft, dass ich mir nichts merken konnte. Ich vergaß meine komplette Einkaufsliste – auch wenn diese aus nur drei Dingen bestand. Fremdwörter schieden aus meinem aktiven Wortschatz aus. Fremdsprachenkenntnisse verschwanden in der hintersten Ecke meines übermüdeten Gehirns. Einer richtigen Unterhaltung mit einem erwachsenen Menschen konnte ich in meinen dunkelsten Momenten nicht mehr folgen.

Als die ersten Mütter in den Krabbelgruppen sich bereits auf ihre Arbeit freuten, um »endlich mal wieder geistig gefordert zu werden«, konnte ich im buchstäblichen Sinne des Wortes nur müde lächeln. Mein vernebeltes Gehirn konnte sich keinen Job der Welt vorstellen, den ich in irgendeiner Form zufriedenstellend erledigen könnte. Die Sorge wuchs, dass mein Hirn nie wieder zu irgendeiner kognitiven Leistung in der Lage sein würde. Dass ich weder etwas Neues lernen noch mich jemals wieder in ein komplexes Thema einarbeiten könnte. Ich war mir nicht sicher, ob ich überhaupt noch Ich war.

Mutter zu werden war eine der tiefgreifendsten und transformativsten Erfahrungen, die ich in meinem Leben gemacht habe. »*We tell ourselves stories in order to live*«, wird die Schriftstellerin Joan Didion zitiert. Und so ging es mir auch: Der einzige Weg, mit dieser Veränderung umzugehen, war, darüber zu reden. Egal, wo ich andere frischgebackene Mütter, manchmal auch Väter, kennenlernte, staunte ich, wie schnell wir von oberflächlichem Small Talk zu sehr persönlichen, prägenden und lebensverändernden Themen wechselten. Frauen, die ich gerade erst kennengelernt hatte, erzählten mir beim Spaziergang die intimsten Details ihres Geburtsberichtes. Von Gewalt unter der Geburt. Von den Herausforderungen in ihrer Partnerschaft. Von der Angst, nicht gut genug für das eigene Kind zu sein. Von Schuld und Scham. Und auch ich erzählte: von meinen Ängsten, meiner Verletzlichkeit und der Horrorvorstellung, dass dieser Nebel in meinem Kopf niemals wieder verschwinden würde.

Anders als die Frau mit dem Tattoo trugen wir unsere Geschichten nicht offen für alle sichtbar, sondern in uns verborgen. Mir wurde bewusst, was für ein wertvolles Geschenk es ist, wenn jemand seine oder ihre Geschichte teilt. All die Geschichten über Geburten zwischen Leben und Tod, über Zweifel, Hoffnung und Glück, über Veränderung, Ermutigung und Verzweiflung – sie alle sog ich gierig auf, denn sie halfen mir, aus meinem eigenen Erleben mehr Sinn zu ziehen.

Eines Tages lerne ich beim Babyschwimmen die Brasilianerin Luisa kennen, die erst kurz vor der Geburt ihres Sohnes nach Deutschland gezogen war. »In Deutschland Mutter zu werden, ist so hart«, berichtete Luisa. »Niemand versteht mich, ich verstehe niemanden. Meine Familie ist so weit weg und hier weiß ich nicht, wen ich um Rat fragen soll. Dabei habe ich jeden Tag tausend Fragen.«

Ich wurde mir meines Privilegs bewusst, Mutter in einem gewohnten Umfeld geworden zu sein. Denn wenn Mutter zu werden und Mutter zu sein für mich schon so überwältigend war, wie mochte das erst für eine Frau sein, die fernab der Heimat ein Baby bekam? In einem Land, dessen Sprache sie nicht oder nur kaum beherrscht? Welche Geschichten über Mutterschaft würden Frauen erzählen, die in einem anderen Land geboren und sozialisiert wurden?

Welche Beobachtungen würden sie machen?

Welche Unterschiede würden ihnen auffallen?

Wie hatte ihre eigene Kultur sie im Hinblick auf ihre Mutterschaft geprägt?

Was würden sie ihren Kindern aus ihrer Heimatkultur mit auf den Weg geben wollen?

Eine Idee war geboren: Ich nahm mir vor, Mütter aus anderen Ländern ebendiese Fragen zu stellen. So wie ich schon die ganze Zeit Erfahrungsberichte sammelte, wollte ich sie nun nicht mehr für mich behalten, sondern aufschreiben und mit anderen Menschen teilen.

Ein weiterer Grund für mein Interesse an den Erfahrungen von Frauen fernab der Heimat liegt auch in meiner eigenen Biografie begründet: In meiner Kindheit lebte ich einige Jahre mit meiner Familie in Spanien. Dies empfinde ich noch heute als Bereicherung. Worüber ich aber erst nachgedacht habe, als ich selbst Kinder hatte: Wie war es damals wohl für meine Mutter gewesen, mit Mann und Kindern in ein fremdes Land zu gehen, als Erwachsene eine neue Sprache lernen zu müssen und sich in einer bis dato fremden Gesellschaft zurechtzufinden?

Meine Suche nach Gesprächspartnerinnen für dieses Buch startete ich in einer Facebookgruppe, in der sich internationale Familien über Kinderhaben und Elternsein in Deutschland austauschten. Die Resonanz auf meinen Aufruf war überwältigend – ganz offensichtlich hatte ich einen Nerv getroffen. Zahllose Frauen aus aller Herrinnen Länder wollten von ihren Erfahrungen als Mutter in Deutschland berichten. Eine Frau schrieb mir, auf so eine Chance wartete sie schon seit Jahren – endlich fühlte sie sich gehört. Eine andere Frau meinte im Anschluss an unser Interview, halb scherzend, halb im Ernst, dass das Gespräch über ihre Mutterschaft eine regelrecht kathartische Wirkung hatte, und ihr vermutlich drei Jahre Therapie erspart habe.

Weil ich mich gerne von Kunst aus aller Welt inspirieren lasse, habe ich die Frauen auch gefragt, ob es ein Kunstwerk wie ein

Gemälde, ein Lied, Gedicht, einen Film oder ein Buch zum Thema Mutterschaft gibt, das sie mögen.

Aufgrund der Coronapandemie traf ich nur wenige Frauen von Angesicht zu Angesicht – und wenn, dann mit dem gebotenen Abstand. Mit den meisten Frauen habe ich telefoniert oder stand in schriftlichem Kontakt.

Aus den vielen Begegnungen ist ein buntes Geschichtenmosaik entstanden; die Interviewantworten wurden in der Zusammenarbeit mit den Frauen zu vierzig Berichten. In vielen Religionen und Kulturen steht die Zahl symbolisch für Neuanfang, Transformation oder sogar Tod. Eine Schwangerschaft dauert vierzig Wochen. Daran schließt sich das Wochenbett an, das in vielen Kulturen vierzig Tage dauert. Diese Zahl wird uns auch in diesem Buch immer wieder begegnen.

Von A wie Aserbaidschan bis Z wie Zypern sind Berichte aus Ländern dabei, die so unterschiedlich sind wie die Frauen selbst. Dabei repräsentieren sie nicht unbedingt ihr Land, aber immer sich selbst. Mütter von kleinen Babys erzählen ebenso wie Frauen, deren Kinder schon das Nest verlassen haben. Zu Wort kommen Frauen mit einem oder mehreren Kindern. Frauen mit Partner aus Deutschland oder aus einem anderen Land oder ohne Partner an ihrer Seite. Frauen, die hier Mutter wurden oder in ihrem Heimatland oder beides.

Mit ihren Erzählungen ermöglichen die Frauen einen neuen Blick auf das Muttersein in Deutschland und geben außerdem Einblicke in Kultur, Politik, Geschichte, Gesellschaft, Mentalität und Traditionen der jeweiligen Länder. Durch ihre Sozialisation in ihrer ursprünglichen Gesellschaft blicken die interviewten Frauen von außen auf Muttersein in Deutschland, gleichzeitig ist ihr Lebensmittelpunkt mittlerweile in Deutschland und sie schildern ihr Erleben als Teil dieser Gesellschaft.

Was schockiert Marcia aus Chile auf deutschen Spielplätzen?

Wieso war es für die schwangere Mirja so wichtig, eine Kiste von der finnischen Regierung zugeschickt zu bekommen?

Weshalb wurde für Katija aus Griechenland eine Badeente zum Symbol für Luxus?

Warum war Leilis Familie im Iran so geschockt über ihren deutschen Gynäkologen?

Was verbindet Solla aus Island mit der Präsidentin ihrer Kindheit?

Was ist der Grund, dass Nomah aus Nigeria nicht jeden Job annehmen kann, den sie möchte?

Ich lade dich herzlich ein, dich mit mir auf die Reise zu begeben und zu erfahren, was vierzig Frauen über das Muttersein in Deutschland und aller Herrinnen Länder erzählen.

Nuriya aus Aserbaidschan

Ursprünglich komme ich aus Ganja, der zweitgrößten Stadt Aserbaidschans. Nach meinem Schulabschluss arbeitete ich kurz in einem Büro, bevor ich heiratete und einen Sohn und eine Tochter bekam. Als sie zwei und vier waren, zogen wir in die Hauptstadt Baku. Dort wurde ich Konditorin und verkaufte in meiner eigenen Konditorei traditionelle Süß- und Backwaren.

Als unsere Kinder zehn und dreizehn Jahre alt waren, wollten wir aus politischen Gründen das Land verlassen. Wir wünschten uns, in einem Rechtsstaat zu leben, in dem Ordnung und Struktur herrschen. Wir bekamen ein Visum für Deutschland und fingen hier ein neues Leben an.

Weil meine Ausbildung aus Aserbaidschan nicht vollständig anerkannt wurde, machte ich eine zweijährige Umschulung zur Konditorin. Mein Traum war, auch hier eine eigene Konditorei zu eröffnen. Aber um mich selbstständig machen zu dürfen, hätte ich noch eine Meisterprüfung ablegen müssen. Das war mir zu viel. Stattdessen arbeitete ich in verschiedenen Bereichen, bis ich mit vierzig Jahren – als meine beiden Kinder bereits volljährig waren – ganz überraschend noch eine weitere Tochter erwartete. Heute ist sie acht Jahre alt.

Hier in Deutschland Mutter zu werden, war ganz anders als damals bei meinen beiden ersten Kindern. Als meine ältere Tochter geboren wurde, herrschte Krieg in Aserbaidschan. Nach dem Zusammenbruch der Sowjetunion war das alte System kaputt, aber ein neues System noch nicht aufgebaut – eine schreckliche Zwischenzeit. Die medizinische Versorgung in der Geburtsklinik war ein Alptraum. Es gab kein fließendes Wasser, die sanitären

Anlagen waren völlig verschmutzt. In den Zimmern reihten sich die Betten aneinander wie in einer Kaserne. Als ich in das Krankenhaus kam, musste ich mich erst komplett nackt ausziehen, dann wurden mir die Nägel geschnitten und ein OP-Kittel angezogen. Alles kam mir vor wie ein furchtbarer Horrorfilm.

Als ich zwei Jahre später meinen Sohn erwartete, wollte ich unter gar keinen Umständen wieder ins Krankenhaus. Mithilfe einer Hebamme kam mein Baby zu Hause auf die Welt. Das war vielleicht etwas riskant, aber ich war noch sehr jung und bereit, dieses Risiko einzugehen. Heute ist die Situation in aserbaidschanischen Krankenhäusern glücklicherweise viel besser.

Im Vergleich zu den ersten beiden Geburten war es ganz anders, hier in Deutschland Mutter zu werden. Als meine jüngste Tochter auf die Welt kam, wurde ich strukturiert und mit vielen Infos auf die Geburt vorbereitet. Obwohl es mein drittes Kind war, lernte ich unglaublich viel dazu. Gleichzeitig wurde mir bewusst, was ich bei meinen beiden ersten Kindern alles falsch gemacht hatte. Das tat mir richtig leid. Zum Beispiel weinte meine älteste Tochter sehr viel als Neugeborenes. Sie hatte Hunger, aber ich hatte nicht genug Milch. Meine Verwandten empfahlen mir, mein Baby mit einer Mischung aus Butter, Zucker und sogar Honig zu füttern. Heute weiß ich natürlich, dass man das nicht machen sollte. Als meine Tochter immer noch vor Hunger weinte, meinten alle in meinem Umfeld – Mama, Oma, Tante, Schwiegermutter –, ich solle ihr weder Milchersatznahrung noch Kuhmilch geben. Man sagte mir, die bessere und sauberste Variante sei Ziegenmilch, weil sie der Muttermilch am nächsten käme. Deswegen kaufte mein Papa eine Ziege, die er in seinem Garten hielt. Meine Tochter bekam so immer die frischeste Ziegenmilch.

Von einer ausgebildeten Hebamme, die einer werdenden Mama alles richtig erklärt, kann man in Aserbaidschan auch heute nur träumen. Wenn man ein Baby bekommt, bleiben einem häufig nur die Ratschläge der erfahrenen Mütter. Oftmals ist das reiner Aberglaube. Zum Beispiel schneiden sich Frauen in der Schwangerschaft niemals die Haare. Denn sie glauben, dass man das, was man abschneidet, vom Leben des Kindes nimmt – also seine Lebensdauer verkürzt. Ein anderes Beispiel: Mutter und Kind bleiben nach der Geburt vierzig Tage lang zu Hause. Dem Volksglauben nach schützt das nicht nur vor dem bösen Blick. Die Menschen glauben auch, dass einen die Krankheiten, die man im Wochenbett bekommt, das gesamte restliche Leben begleiten werden. Deswegen werden Mutter und Kind besonders beschützt und sollen das Haus nicht verlassen.

Ich war nie abergläubisch, habe aber nach der Geburt meiner Tochter viele dieser Regeln befolgt. Denn ich hätte totale Schuldgefühle bekommen, wenn doch etwas passiert wäre. Beim ersten Kind möchte man es außerdem allen Menschen recht machen. Beim zweiten und dritten Kind habe ich diese Regeln nicht mehr beachtet. Heutzutage sind die Menschen in Aserbaidschan nicht mehr so abergläubisch.

Wenn ich das Elternsein in Deutschland und Aserbaidschan vergleiche, sehe ich eigentlich keine großen Unterschiede bei der Erziehung. Eltern auf der ganzen Welt wollen, dass ihre Kinder gesund, glücklich und auch gut in der Schule sind. In Baku gingen meine beiden Älteren auf ein Lyzeum und hatten gute Noten. Als wir nach Deutschland kamen, wurden sie auf die Hauptschule geschickt, weil sie – genau wie ich – noch kein Deutsch sprachen. Später erklärten mir aserbaidschanische Freunde das Schulsystem und ich verstand, dass die Hauptschule eine Schulform ist, bei der meine Kinder später weniger Möglichkeiten im Leben hätten. Jedes Mal, wenn ich die Lehrerin meiner Kinder traf, bekniete ich sie, dass meine Kinder auf eine andere Schule kämen. Allmählich merkte ich, dass sie es aber wirklich gut mit meinen Kindern meinte. Und sie merkte, dass meine Kinder nicht auf die Hauptschule gehörten. Später wechselten beide auf andere Schulen.

Nun verstehe ich besser, wie Schule hier läuft. In Baku habe ich viel von den Kindern erwartet, immer ihre Hausaufgaben kontrolliert und Nachhilfe organisiert. Gute Noten waren sehr wichtig. Der Druck war nicht nur für Kinder groß, auch auf den Schultern der Eltern lastete ein schweres Paket. Hier lassen Eltern und Lehrer das Kind eher, wie es ist. Sie wissen, dass nicht jedes Kind alles lernen kann. Es gibt weniger Druck, gute Noten zu haben.

Bei meinen beiden großen Kindern war mir sehr wichtig, dass sie gut in der Schule sind. Einerseits habe ich bei meiner jüngsten Tochter auch mehr Erfahrung, bin gelassener und mache ihr nicht so viel Druck. Andererseits habe ich auch nicht mehr so viel Lust und Geduld, mich nach dem Unterricht um die Hausaufgaben zu kümmern. Außerdem arbeite ich und habe noch andere Dinge zu tun. Da mein Deutsch nicht perfekt ist, bin ich manchmal auch gar keine große Hilfe. Und Nachhilfe zu organisieren, ist hier viel schwieriger. In Baku haben wir einfach die Lehrerin für Privatstunden bezahlt und damit war das Thema erledigt. Hier geben Gymnasiasten oder Studenten Nachhilfe – dabei haben sie oft selbst wenig Zeit. Meine Tochter hier in der Schule zu unterstützen ist auf jeden Fall eine große Herausforderung für mich.

In Deutschland fiel mir auf, dass der Umgang mit Kindern ganz anders ist. In Aserbaidschan ist ein Neugeborenes erst mal ein Kind, das nichts kann. Wenn hingegen in Deutschland ein Baby geboren wird, gilt es schon als richtiger Mensch mit eigenem Charakter und eigener Persönlichkeit. Die Erwachsenen sprechen mit ihm, als würde es sie verstehen – und Babys verstehen tatsächlich schon sehr viel! Langsam, aber sicher finden die Eltern heraus, was das Baby mag und was nicht. Das ist ein ganz anderes Verhältnis zwischen Erwachsenen und Kindern.

Seit fünf Jahren arbeite ich als Tagesmutter. Als ich den Qualifizierungskurs dafür gemacht habe, fielen mir weitere Unterschiede auf. In Aserbaidschan sind Kinder zum Beispiel immer sehr schön angezogen und die Erwachsenen laufen ihnen hinterher, um jeden Fleck wegzumachen. In Deutschland hingegen ist es kein Problem, wenn Kinder im Matsch spielen und dreckig werden. Man lässt sie einfach machen.

Meinen Erziehungsstil habe ich schon in Aserbaidschan als demokratisch bezeichnet. Meinen Kindern wollte ich immer Freiheit in ihren Entscheidungen geben. Wenn mein Sohn oder meine Tochter mich zum Beispiel um Rat fragten, war meine Antwort: »Ich würde das so und so machen, aber du musst deine Entscheidung selbst treffen.« Für diese offene Haltung wurde ich oft von meinen Verwandten kritisiert. Hier in Deutschland habe ich gemerkt, dass ich gar nicht offen genug war. Ich wollte meinen Kindern von klein auf beibringen, dass sie ihre Meinung vertreten und für sich einstehen. Dazu musste ich in meiner Erziehung hier noch offener werden.

Manche Dinge aus der deutschen Kultur habe ich übernommen. Anderes aus der aserbaidschanischen Kultur möchte ich beibehalten. Als Familie waren wir nie sehr traditionell, aber am 20. März, der Tagundnachtgleiche, feiern wir unser Neujahrs- und Frühlingsfest Novruz. Schon der gesamte Monat vorher ist sehr festlich – man ist viel draußen mit den Nachbarn unterwegs, es wird getanzt und gesungen, wie bei einem großen Volksfest. Die vier Dienstage vor dem Fest sind den Elementen Wasser, Feuer, Wind und Erde gewidmet und haben ihre eigenen Traditionen. Am Feuer-Dienstag springen wir zum Beispiel durch die Flammen eines Lagerfeuers. Oder am Erde-Dienstag stellen die Kinder Mützen oder Hüte vor der Tür der Nachbarn auf, klingeln und laufen weg. Wenn die Nachbarn öffnen, legen sie Süßigkeiten für die Kinder hinein. Am 20. März feiern wir dann im Familienkreis und essen traditionelle Gerichte wie das Reisgericht Plov oder Süßspeisen wie Baklava. Der reich gedeckte Tisch wird mit einem Bündel frischgekeimtem Weizengras geschmückt, das für die Erneuerung im Frühling steht. Ähnlich wie hier an Ostern stehen auch Eier für das Leben, das neu erwacht. Wir spielen ein Spiel, bei dem zwei Spieler zwei hartgekochte, bunte Eier aneinanderschlagen. Wessen Ei kaputtgeht, hat verloren. Ich mag das Novruz-Fest und es ist mir wichtig, dass unsere Jüngste die Traditionen kennenlernt.

Außerdem liebe ich aserbaidschanisches Essen, meine Kinder allerdings nicht so sehr. Manchen meiner Freundinnen aus Aserbaidschan geht es ähnlich. Ab und zu treffen wir uns zum gemeinsamen Kochen und Essen – ohne unsere Kinder. Vielleicht ändert sich das später und unsere Kinder entwickeln doch noch ein Interesse für unsere Küche. Manchmal suchen Menschen erst als Erwachsene nach ihren Wurzeln.

Für ausländische Kinder kann es schwer sein, zwischen zwei Kulturen groß zu werden. Besonders Teenager sind unsicher, ob sie sich ihre Eltern zum Vorbild nehmen oder sich lieber an der Gesellschaft, also zum Beispiel an den Menschen in ihrer Schule, orientieren sollen. Nicht alle ausländischen Eltern zeigen dafür Verständnis und sie können es nicht nachvollziehen, falls ihre Kinder leiden oder depressiv werden. Bei meinen beiden älteren Kindern mache ich mir diesbezüglich keine Sorgen mehr. Aber ich hoffe, dass auch meine jüngste Tochter keine Probleme mit den zwei Kulturen haben wird.

Zu guter Letzt möchte ich diese aserbaidschanischen Sprichwörter teilen:

»*Uşaqsız ev qonaqsız süfrə kimidir.*«
»Ein kinderloses Haus ist wie ein gedeckter Tisch ohne Gäste.« Das zeigt, welchen hohen Stellenwert Kinder bei uns haben.

»*Uşaq evdə böyüyər, balıq göldə.*«
»Ein Kind, das zu Hause aufwächst, ist wie ein Fisch im Teich.« Das zeigt die Wichtigkeit eines guten Elternhauses.

»*Qızını döyməyən, dizini döyər.*«
»Wenn du deine Tochter nicht schlägst, schlägst du deine Beine.« Das bedeutet, wer mit seiner Tochter nicht streng genug ist, schadet letztendlich sich selbst.

Sonia aus Bolivien und Spanien

Bis zu meinem fünfzehnten Lebensjahr habe ich in Bolivien gelebt. Dann entschieden meine Eltern, zurück nach Spanien zu gehen, wo ich eine Ausbildung zur Krankenpflegehelferin gemacht habe. Mit neunzehn Jahren habe ich meinen portugiesischen, künftigen Ehemann kennengelernt. Damals arbeitete er in Frankreich und ich bin dann zu ihm nach Paris gezogen. Das war gar nicht leicht für mich, denn ich konnte noch nichts arbeiten und habe zunächst einen Integrationskurs besucht und Französisch gelernt. Nach unserer Hochzeit war es einfacher, Arbeit zu finden. Dann wurde ich mit meiner Tochter Sofia schwanger und wir waren sehr glücklich Eltern zu werden.

Als meine Tochter ein paar Monate alt war, begann mein ganz persönlicher Horrorfilm. Nach der Geburt hatte ich mich für ein hormonelles Verhütungsmittel entschieden. Ohne es zu merken, veränderten die Hormone meinen Körper und ich hatte absolut keine Lust mehr auf Sex. Das frustrierte meinen Mann, wir stritten viel, er half mir wenig und er war oft von zu Hause weg. Eines Tages fand ich auf seinem Handy ein Foto von einer anderen Frau und fand heraus, dass er mich betrog. Dann begann der psychische und sexuelle Missbrauch. Es klingt bescheuert, aber ich wurde von meinem eigenen Mann vergewaltigt. Seitdem ich von seiner Affäre wusste, schlief ich bei meiner Tochter mit im Zimmer. Aber immer, wenn meinem Mann danach war, kam er und zwang mich, mit ihm Sex zu haben. Ich weinte und versuchte mich zu wehren, aber er bekam immer, was er wollte. Eines Tages kam er und wollte Geld von mir. Als ich es ihm nicht gab, schlug er mich und warf mich aufs Sofa. Ich zog einen Schlussstrich, rief die Polizei und zeigte ihn wegen häuslicher Gewalt an. Später bedrohte er mich und sagte, wenn ich ihm seine Tochter wegnehmen wollte, müsste ich den Anwalt und die Scheidung bezahlen. Das habe ich akzeptiert. Am nächsten Tag habe ich die Scheidungspapiere unterschrieben und bin anschließend mit meiner Tochter zurück nach Spanien zu meiner Mutter und meinen Schwestern gefahren. Dann begann ein neues Leben für mich. Ich war voller neuer Hoffnung und meine Wunden begannen zu heilen. Ich wusste, dass ich nun für zwei arbeiten musste. Meine Mutter war eine große Hilfe und dafür werde ich ihr immer dankbar sein. Schon immer mochte ich die deutsche Sprache und so begann ich, ein halbes Jahr lang Deutsch zu lernen. Zufällig lernte ich meinen Freund kennen, der Deutscher ist – ob Zufall oder Schicksal, das weiß ich nicht. Wir hatten einige Monate lang eine Fernbeziehung, bis er nach Spanien kam und wie ein echter Gentleman meine Eltern bat, mich und meine Tochter mit nach Deutschland nehmen zu dürfen. Wir zogen nach Deutschland und es passierte, was auch in Frankreich passiert war: Ich konnte die Sprache nicht gut und fand deswegen keine Arbeit. Das erste Jahr war schwer. Meine Tochter sprach gar kein Deutsch, ich fand keinen Kitaplatz und sorgte mich um sie, weil sie keinen Kontakt zu anderen Kindern hatte. Nach einem Jahr kam sie in die Vorschule, lernte schnell Deutsch und passte sich superschnell an. Heute gehört sie zu den Klassenbesten und die Lehrerin beglückwünscht mich immer zu der tollen Unterstützung, die ich meiner Tochter gebe. Eigentlich wollte ich an einem Integrationskurs teilnehmen, aber dann brach die Pandemie aus und der Unterricht fiel aus. Mittlerweile habe ich aber einen Deutschkurs begonnen. Wenn ich meine Tochter nicht pünktlich abholen kann, hilft mir mein aktueller Lebenspartner sehr und übernimmt es.

Mutter in Deutschland zu sein ist anders als in meiner Heimat. Hier sind die Mütter sehr flexibel mit ihren Kindern und lassen schon kleine Kinder entscheiden, was sie essen oder machen wollen. Als ich klein war, hat mich meine Mutter nie gefragt, was ich essen oder machen wollte. Es gab, was auf dem Tisch stand, und wenn ich in den Park zum Spielen gehen wollte, dann sagte meine Mutter: »Okay, geh und spiel.« Ich kann mich nicht erinnern, dass meine Mutter mit mir gespielt hätte. Zum Spielen brauchte ich sie auch nicht, weil ich viel mit meinen Freunden unterwegs war. Ich möchte nichts verallgemeinern, aber in Deutschland gehen einige Kinder zu ihren Eltern, damit sie mit ihnen spielen und wenn diese keine Zeit haben, dann weinen die Kinder und machen Theater.

Was mir hier gefällt, ist, dass die Kinder, die ich kenne, trotz ihres Temperaments gut erzogen sind und früh ins Bett gehen (lacht). Meine Tochter macht das nicht. Sie hat wie ich heißes Blut, wir lieben es, unterwegs zu sein, und wir gehen spät ins Bett.

Wenn Sofia groß ist, werde ich viele Erinnerungen an unsere Anfangszeit hier mit ihr teilen. Ich werde ihr erzählen, wie sie nach Deutschland kam und kein einziges Wort Deutsch sprach, sich aber immer verständlich machen konnte. Sie ist eine richtige Kämpferin, ich bin so stolz auf sie und werde es immer sein.

Einer Mutter, die aus meiner Heimat nach Deutschland ziehen möchte, würde ich raten, ein wenig die Sprache zu lernen, denn ohne die Sprache bist du niemand und kannst hier nichts machen. Auch ich möchte besser Deutsch lernen, eine Ausbildung als Konditorin machen und ein eigenes Café mit Konditorei haben.

Zu guter Letzt möchte ich drei Dinge über Kindererziehung teilen, die ich in Deutschland überraschend finde:

Alle Kinder müssen warten, bis alle am Tisch sitzen, bevor sie anfangen zu essen.

Schon junge Kinder fahren alleine mit dem Bus zur Schule.

In der Schule gibt es keinen Religionsunterricht.

Filmempfehlung: »10 Tage ohne Mama«. Mit diesem Film identifiziere ich mich sehr und das, obwohl ich nur eine Tochter habe. Es geht um eine Mutter, die immer unglücklicher wird, dass ihr Mann arbeiten geht und sie alleine für den Haushalt und die vier Kinder zuständig ist. Sie beschließt, sich eine kleine Auszeit zu gönnen und verreist für zehn Tage ohne ihre Familie, die ohne die Mama ganz schön aufgeschmissen ist.

Vanessa aus Brasilien

Ich wurde in São Paulo in Brasilien geboren und habe dort bis zu meinem achtzehnten Lebensjahr gelebt. Dann zog ich nach Italien, wo ich einige Jahre studiert und gearbeitet habe. Anschließend habe ich in Frankreich weiterstudiert und später in Spanien gearbeitet. Meine Studienfächer waren Sprachen, Kommunikation, Business und Tourismus. Ich habe Sprachen unterrichtet, in verschiedenen Hotels in Italien und Spanien als Rezeptionistin und in der PR gearbeitet und ich hatte einige Jahre lang ein eigenes Restaurant. Nach Deutschland kam ich dann, weil mein Mann Deutscher ist und wir hier Familie haben. Wir haben einen Sohn, der Mathias heißt und zwei Jahre alt ist.

In Deutschland Mutter zu werden, ist ganz anders als in Brasilien. In Deutschland bekommen wir viel mehr Informationen über die Schwangerschaft, Geburt und das Stillen. In Brasilien ist eine gute medizinische Behandlung eine private Leistung, die extra bezahlt werden muss. Und normalerweise geht man nicht zu einem Geburtsvorbereitungskurs, der einem hilft, sich auf das wichtigste Ereignis in unserem Leben vorzubereiten. Die Ärzte in Brasilien wollen lieber Geld verdienen, anstatt Müttern und Kindern das Beste anzubieten. Langsam ändert es sich, aber die Kaiserschnittrate in Brasilien ist sehr hoch. Dafür gibt es verschiedene Gründe: Ärzte verdienen mehr Geld an einer OP als an einer vaginalen Geburt. Kaiserschnitte sind für Ärzte und für Mütter planbarer – man kann seinen Urlaub einfacher danach richten.

Heutzutage wollen Frauen auch nicht so viel leiden, Schmerzen haben oder danach hässlich aussehen. In Brasilien ist es üblich, kurz vor der Geburt zum Frisör zu gehen und sich stylen zu lassen, inklusive Maniküre und Waxing. Für die Geburt selbst wird ein Fotograf engagiert. Die Familie und Freunde können hinter einer großen Glasfront live die Geburt miterleben. Das ist kein privater Moment, so wie ich denke, dass er sein sollte. Männer sagen, dass sie Kaiserschnitte bevorzugen, weil sonst die Vagina größer und hässlich wird. Deswegen sagen die Ärzte solche Sachen wie: »Das Baby ist zu groß, um vaginal auf die Welt zu kommen«, »Der Muttermund öffnet sich nicht genug für eine spontane Geburt« oder »Sie sind zu klein und dünn für eine natürliche Geburt.« Ich freue mich sehr, dass sich diese sexistische Denkweise, die in Lateinamerika so viele Jahrzehnte vorherrschend war, aktuell wandelt. Immer mehr Frauen kämpfen für Gleichberechtigung, informieren sich über eine natürliche Geburt und lernen, wie sie ihre Kinder respektvoll aufziehen.

Auch nach der Geburt gibt es Unterschiede zwischen Deutschland und Brasilien. In meinem Land gibt es vier Monate Elternzeit, kein Kindergeld oder andere Hilfen. Deswegen müssen Eltern hart arbeiten, um sich die Krankenversicherung und Bildung für die Kinder leisten zu können, was normalerweise recht teuer ist. Hier ist beides umsonst.

Väter in Deutschland können Elternzeit nehmen, während in Brasilien viele Menschen finden, dass das die Aufgabe der Mutter ist. Väter verdienen das Geld und Mütter kümmern sich um den Haushalt und die Kinder. In Deutschland wickeln und kochen die Väter, sie kaufen ein und gehen mit den Kindern zum Spielplatz. Das Beste ist, dass beide Elternteile Zeit haben, sich um die Kinder zu kümmern.

Bei uns zu Hause gibt es Einflüsse aus mehreren Kulturen, aber ich bringe meinem Kind brasilianische Lieder bei und erzähle ihm Geschichten wie die von *Sací Perere*. Dabei handelt es sich um eine Figur aus der brasilianischen Folklore, die dunkle Haut und nur ein Bein hat, Pfeife raucht und dank eines magischen Umhangs unsichtbar werden kann. *Sací Perere* gewährt demjenigen einen Wunsch, der ihn oder seinen Umhang schnappen kann.

Die Menschen in Brasilien glauben, dass *Sací Perere* für alle kleinen Missgeschicke im Alltag verantwortlich ist.

Natürlich gibt es auch brasilianisches Essen bei uns: Ich liebe zum Beispiel *açaí,* eine rote Frucht, die wie eine Beere aussieht und an einer Palme aus dem Amazonas wächst. Und wir kochen oft Reis mit Bohnen und Hackfleisch mit Kartoffeln. Was ich in Deutschland überraschend fand: Paprika und Gurke gehören zur Ernährung der Kinder. Brasilianische Kinder essen natürlich auch Paprika und Gurke, aber nicht als Snack, sondern als Teil der Mahlzeit im Salat, in der Suppe oder mit Fleisch.

Mutter in Deutschland zu sein, hat mich verändert. Nicht nur in Deutschland, auch in Europa habe ich gelernt, mein Kind zu respektieren. Ich verstehe, dass es seine eigenen Vorlieben, Meinungen und sein eigenes Tempo hat. In Brasilien, besonders in São Paulo, arbeiten wir viel und haben stressige Leben – vielleicht ist das unser Problem. Wir haben keine Geduld. Wir sprechen nicht viel mit unseren Kindern. Wir sagen nur: »Du musst dies oder das machen, weil ich deine Mama oder dein Papa bin, und du musst mir gehorchen.« Wir erklären nicht, warum man dieses oder jenes darf oder nicht. Aber ich glaube, das verändert sich gerade. In den letzten Jahren haben wir nicht verstanden, warum ein Kind zum Beispiel nicht aufessen wollte, was auf dem Teller lag. Eltern sagten dann einfach »Du musst alles aufessen, vorher darfst du nicht aufstehen.«

Zu guter Letzt möchte ich ein Zitat zum Thema Elternschaft teilen:

»Jeden Tag zahlen wir in die Bank der Erinnerungen unserer Kinder ein.« Charles R. Swindoll

Buchempfehlung: »Maternidade, presente ou fardo« von der christlichen Autorin Tathiana Schulze. Sie schreibt über Muttersein als Segen und nicht als schwere Last.

Marcia aus Chile

Ich komme aus Santiago de Chile, wo ich einige Jahre als Anwältin gearbeitet habe. Mein Mann und ich haben entschieden, dass wir in Deutschland eine Familie gründen wollen, da wir dem Sozial-, Bildungs- und Gesundheitssystem hier mehr vertrauen. Kurz nach unserer Hochzeit sind wir in die Geburtsstadt meines Mannes gezogen, nach Berlin. Das war vor sieben Jahren. Nun haben wir zwei Kinder: eine fünfjährige Tochter und einen zweijährigen Sohn.

Mutter fernab meines Heimatlandes zu werden, hat Vor- und Nachteile. Einerseits ist in Deutschland das Gesundheitssystem viel besser als in Chile. Mir war es wichtig, dass bei der Geburt meine und die Bedürfnisse meines Kindes im Mittelpunkt stehen. In Lateinamerika trägt dieses Konzept den Namen *parto respetado*, was wortwörtlich »respektierte Geburt« heißt. Es basiert auf Empfehlungen der Weltgesundheitsorganisation, um Mutter und Kind ein positives Geburtserlebnis zu ermöglichen.

Als meine erste Tochter geboren wurde, habe ich hier in Deutschland auch Geburtshäuser kennengelernt. Mein Sohn wiederum war ein Frühchen und kam per Notkaiserschnitt auf die Welt, während ich unter Vollnarkose lag. Dennoch glaube ich, dass es sehr viel schlimmer in Chile gewesen wäre. Das große Problem in meinem Land ist, dass gute medizinische Versorgung sehr teuer ist und nicht alle Menschen Zugang dazu haben.

Auch das Thema Stillen wurde in Deutschland respektvoll behandelt und gefördert. In meinem Land wird sehr früh auf Milchersatznahrung zurückgegriffen, da die Frauen sechs Monate nach der Geburt wieder anfangen zu arbeiten.

In Chile nehmen die Angehörigen, Freunde und Bekannten viel mehr Anteil an der Geburt und lernen das Baby oft sogar am Tag der Geburt kennen. In Deutschland ist die Zeit nach der Geburt eher etwas Privates zwischen Baby und Eltern.

Auch wenn ich viel Unterstützung durch die Familie meines Mannes, vor allem durch meine Schwiegereltern hatte, hat mir die Begleitung durch die Frauen aus meiner Familie, meines Stammes, doch sehr gefehlt. In Chile ist es üblich, dass die Oma oder die Tanten zu einem nach Hause kommen und sich nach der Geburt um den ganzen Haushalt kümmern. Ich hatte das Glück, dass meine Mutter jeweils kurz nach der Geburt angereist war und mich mindestens drei Monate begleitet hat. In diesen Monaten hat sie sich um das Haus und ich die gesamte Zeit um das Baby gekümmert.

Die Väter spielen in Deutschland eine viel aktivere Rolle. Mein Mann hat erst einen und dann noch mal sechs Monate Elternzeit genommen. In Chile haben Väter fünf Tage frei und können sich theoretisch die Elternzeit mit der Mutter teilen, aber das wird kaum genutzt.

Für mich waren das größte Problem allerdings die Unterschiede in der Kindererziehung. Vor allem beim Thema Grenzen setzen. Meine Neffen und Nichten sind in etwa gleich alt wie meine Kinder. Bei ihnen zu Hause gibt es andere Regeln, wenn es um das Anziehen oder um Sauberkeit geht. Keine Ahnung, ob das ein kultureller Unterschied ist, aber meine deutsche Familie setzt ihren Kindern tendenziell wenig Grenzen. Es gibt keine Regeln, die Kinder machen am Tisch ein totales Chaos, aber keiner sagt was dagegen. Ich hingegen weise meine Kinder da ganz schön oft zurecht. Ich möchte, dass sie immer sauber und ordentlich gekleidet sind und geputzte Nasen haben. Wenn meine Neffen und Nichten darauf keine Lust haben, können sie den ganzen Tag so rumlaufen, wie sie wollen.

Ich glaube, für multikulturelle Paare ist es eine große Herausforderung, ein gutes Gleichgewicht beider Kulturen zu finden, sodass sich keine der beiden über die andere erhebt. Für uns war sehr wichtig, dass mein Mann und ich unsere eigene Idee von Erziehung entwickeln – nicht die von unseren Familien. Es wird immer die deutsche Oma geben, die das Chilenische nicht gut findet, und die chilenische Oma, die das Deutsche nicht gutheißt. Man muss lernen, nicht alles persönlich zu nehmen, tolerant, aber auch durchsetzungsfähig zu sein, die eigene Meinung zu vertreten und nicht nachzugeben, einfach nur, um es sich mit den Schwiegereltern nicht zu verscherzen. Man muss machen, was das Herz oder das Bauchgefühl einem sagt. So viele Menschen haben eine Meinung darüber, wie ich meine Kinder erziehe – darunter meine Mutter und Schwiegermutter. Einmal sagte ich deswegen zu ihnen: »Die einzige Meinung, die für mich zählt, ist die meines Mannes. Solange er ein guter Vater ist, höre ich mir andere Meinungen gerne an, aber befolgen muss ich sie nicht unbedingt.«

Mutter in Deutschland und nicht in meinem Heimatland zu sein, würde ich so zusammenzufassen: Für die Mütter in Chile bin ich zu liberal und relaxt, aber für die Mütter in Deutschland bin ich zu streng und überängstlich. Die Erziehung in Chile stellt die Erwachsenen sehr in den Vordergrund – den Kindern wird kein Gehör geschenkt. Die Mütter sind sehr überbehütend und lassen ihren Kindern weder Freiheiten noch Unabhängigkeiten. Dafür lernen die Kinder dort sehr viel mehr über Grenzen und Respekt als hier. Meine Erfahrung mit deutschen Müttern ist, dass sie ihre Kinder viel selbst erforschen lassen und wenig Grenzen setzen. Sie hören ihren Kindern zu, zeigen ihnen aber nicht, was gut und was schlecht ist.

Ich habe versucht, das Beste aus beiden Kulturen herauszunehmen. Meinen Kindern erlaube ich, selbst die Welt zu entdecken und zu erforschen, eine eigene Meinung zu haben, aber auch respektvoll mit anderen Menschen umzugehen, und dass sie lernen, dass manchmal sie und manchmal die Erwachsenen entscheiden dürfen.

Außerdem ist mir wichtig, meinen Kindern meine Kultur und Sprache beizubringen. Das ist eine echte Herausforderung. Ich gebe mir große Mühe, dass die spanische Sprache den gleichen Stellenwert für sie hat wie die deutsche. Ich lese ihnen viel auf Spanisch vor und erzähle ihnen von unserer Kultur und den indigenen Völkern, von Landschaften und Tieren. Wir bringen ihnen viel über unsere Folklore bei, über Musik und Tänze wie unseren Nationaltanz *Cueca*. Wir treten auch auf, singen und tanzen und tragen die typische Kleidung, die ich selbst nähe. Unsere Vorstellung ist, dass sie sich genauso chilenisch wie deutsch fühlen.

Mutter zu sein wird in Deutschland sehr beschützt. Mütter können sich entscheiden, zu Hause zu bleiben oder der Arbeitswelt anzugehören. Arbeitgeber sind flexibel und der Staat gibt Unterstützung. Außerdem ist das Gesundheitssystem toll. Wenn eines meiner Kinder krank wird, muss ich nicht Angst haben, bankrott zu gehen. Die Bildung ist gut und offen. Auch hier muss ich mir um Geld keine Sorgen machen, damit meine Kinder eine gute Schule besuchen. Auf der anderen Seite fühle ich mich so, als würde ich nirgendwo hingehören. Hier werde ich für manche Entscheidungen verurteilt, in Chile für andere. Und egal wie gut ich Deutsch spreche, wird Deutsch niemals meine Muttersprache sein. Oft werden mangelnde Sprachkenntnisse mit mangelnder Intelligenz gleichgesetzt. Das spiegelt sich auch in der Beziehung zu meinen Kindern wider, die mich dann nicht ernst nehmen. Oder ich habe Probleme, Kontakt zu den Freunden meiner Kinder zu knüpfen. Ich möchte nicht, dass meine Kinder oder ich diskriminiert werden. Und es ist schwierig, das Selbstbewusstsein meiner Kinder zu stärken, wenn viele Dinge selbst für mich schwierig sind. Glücklicherweise haben wir bisher wenig Situationen gehabt, in denen wir Diskriminierung erfahren haben. Eine seltsame Erfahrung war in der alten Kita meiner Tochter. Dort gab es viele Kinder mit türkischen, palästinensischen, syrischen und geflüchteten Eltern. Die Erzieherinnen waren zu diesen Eltern nicht gerade herzlich und behandelten sie mit Herablassung.

So, als ob sie dumm wären, weil sie kein Deutsch sprechen. Anfangs wurde ich auch so behandelt, aber als eine Erzieherin im Gespräch merkte, dass ich Deutsch spreche und einen Universitätsabschluss habe, änderte sich ihr Verhalten und sie behandelte mich mit mehr Respekt. Aber besser fühlte ich mich nicht, denn die anderen Eltern behandelte sie nach wie vor kalt und herablassend.

Das Muttersein hat mich verändert. Es hat etwas gebraucht, bis ich akzeptieren konnte, dass ich nicht mehr über meine Zeit verfüge. Dass jemand anderes mich immer braucht und ich sein Ein und Alles bin. Ich schlafe sehr viel weniger und ich bin einige Jahre keiner Erwerbstätigkeit nachgegangen. Ich gehe nicht mehr so viele Risiken ein und versuche immer, die sicherste Lösung zu finden. Ich habe gelernt, nicht so viel zu fordern: Ich mag lieber einfaches Essen, angenehme Kleidung und mache keine großen Pläne, sondern mag einfach nur im Garten spielen und chillen. Ich bin immer müde, aber glücklich. Ich gehe nicht mehr so oft auf Partys wie früher. Aber die wenigen Partys genieße ich umso mehr. Manche Freunde habe ich nicht mehr, weil sie keine Leute mit Kindern akzeptieren, aber ich habe auch neue Freunde gewonnen, die ich viel mehr wertschätze. Nun sind mir andere Dinge im Leben wichtig – mehr Sicherheit und Ruhe, weniger Verrücktheit.

Zu guter Letzt möchte ich etwas teilen, was mich in Deutschland über Kindererziehung überrascht hat:

Was ich schockierend finde, ist, dass Kinder in der Öffentlichkeit ständig nackt sind. In Lateinamerika haben wir die Angst vor jeglicher Form von sexuellem Missbrauch sehr verinnerlicht. Außerdem finde ich, dass das auch eine Frage von Hygiene ist.

Kinder gehen schon von klein auf alleine zur Schule oder machen Ausflüge mit der Kita, ohne Eltern. Manchmal schlafen sie sogar woanders.

Buchempfehlung: »Auf der Suche nach dem verlorenen Glück« von Jean Liedloff, die mehrere Jahre bei den Yequana-Indianern in Venezuela gelebt und dabei beobachtet hat, wie harmonisch und glücklich deren Zusammenleben ist. Dieses Buch zeigt mehr über ihr Wissen um die ursprünglichen Bedürfnisse von Kleinkindern, das wir in der westlichen Welt oft erst neu entdecken müssen.

Song-Empfehlung: »Yo te esperaba« (Spanisch für »Ich habe auf dich gewartet«) von Alejandra Guzmán. Meine Lieblingszeile lautet übersetzt: »Die Welt ist wie sie ist, ich kann sie für dich nicht ändern, aber ich werde dir immer folgen, um dir eine Hand zu reichen.«

Meili aus China

Ich stamme aus der ostchinesischen Provinz Shandong. Nach meinem Studium in Deutschland kehrte ich in meine Heimat zurück, wo ich bei meinem chinesischen Arbeitgeber meinen zukünftigen Mann kennenlernte, einen Deutschen. Als dieser nach Deutschland zurückging, führten wir zunächst eine Fernbeziehung, bis ich von meinem Arbeitgeber nach Deutschland entsandt wurde und hier eine Stelle im Finanzbereich antrat. Mittlerweile sind mein Mann und ich Eltern eines anderthalbjährigen Sohnes namens Anton.

Wäre ich in China Mutter geworden, hätte ich vermutlich ein ganz anderes Wochenbett erlebt. In der chinesischen Kultur gilt es nämlich als die wichtigste Zeit im Leben einer Frau. Einen ganzen Monat lang erholt sich die Mutter von den Strapazen der Geburt. Unsere Tradition schreibt dabei viele Regeln vor. So trägt eine Wöchnerin zum Beispiel selbst im Sommer immer dicke Socken und lange Hosen, denn Wärme hilft bei der Heilung. Daher sollte sie in dieser Zeit auch kein kaltes Essen zu sich nehmen, sich keinem kalten Wasser oder Wind aussetzen und manche sagen sogar überhaupt nicht duschen. Ansonsten drohen später im Leben schwere gesundheitliche Konsequenzen wie Kopf-, Gelenkschmerzen oder andere Beschwerden.

Durch die Coronapandemie konnte meine Mutter leider nicht wie geplant aus China zur Geburt meines Sohnes anreisen. Anfangs hatte ich große Angst, im Wochenbett etwas falsch zu machen und für das restliche Leben die gesundheitlichen Konsequenzen tragen zu müssen. Denn anders als meine Mutter, kenne ich mich nicht sehr gut mit den Regeln für das Wochenbett aus.

Zum Beispiel werden nach der traditionellen chinesischen Medizin Nahrungsmittel in kalt bzw. warm unterteilt. Beim Kochen ist es wichtig, eine Balance zwischen kalten und warmen Zutaten einzuhalten. Meine Mutter weiß so was und kennt die Rezepte für traditionelle Kraftbrühen, daher hat mir ihre Unterstützung sehr gefehlt.

Wer in China nicht auf die Hilfe von Verwandten zurückgreifen kann oder möchte, kann einen Aufenthalt in einem sogenannten Wochenbetthotel buchen. Auch dort wird bei der Zubereitung des Essens streng auf die Regeln der traditionellen chinesischen Medizin geachtet. Darüber hinaus wird einer frisch gebackenen Mama bei der Pflege ihres Babys geholfen, es gibt Massagen, manchmal auch eine Maniküre oder kosmetische Behandlungen. Meiner Meinung nach sind solche Hotels aber ein Geschäft mit der Angst und reine Geldmacherei. Hätte ich meinen Sohn in China bekommen, wäre ich nicht in so ein Hotel gegangen. Hier in Deutschland war ich nach der Geburt also völlig auf mich allein gestellt. Zwar habe ich das Wochenbett schon ernst genommen, online die chinesischen Traditionen recherchiert und in der Apotheke Zutaten für eine Kraftsuppe gekauft. Aber an alle Regeln konnte und wollte ich mich auch nicht halten. Eine Woche nach der Geburt ging ich draußen spazieren, weil ich das für die Psyche brauchte. In der chinesischen Tradition ist das ein ganz großes No-Go. Daher war es vielleicht gar nicht so schlecht, dass meine Mutter nicht da war. So hatte ich die Freiheit, ganz unbeobachtet das zu tun, was mir guttat.

Zwischen zwei Kulturen zu stehen, fand ich manchmal schwierig. Dass es hier nicht so strenge Regeln gibt, war natürlich bequemer. Aber ich hatte immer ein schlechtes Gewissen, wenn ich den chinesischen Regeln nicht oder nur halbherzig gefolgt bin. Dabei war ich manchmal noch nicht mal selbst überzeugt, dass das für mich überhaupt der richtige Weg ist. Irgendwann habe ich erkannt: ich muss mich für einen der beiden Wege entscheiden und mit dieser Entscheidung leben.

Besonders als junge Mutter fiel mir ein wichtiger kultureller Unterschied zwischen Deutschland und China auf: Hier spricht man oft nur über die schönen Dinge im Leben. Man möchte eher ein positives Bild abgeben, keine Schwäche zeigen, stark wirken. In China hingegen ist es wichtig, bescheiden zu sein und nicht zu prahlen. Wird man gefragt, wie es einem geht, erwähnt man immer erst mal etwas Schlechtes – selbst wenn gerade alles gut läuft. Um seinem Gegenüber zu signalisieren, dass nicht alles perfekt ist, kann man zum Beispiel erwähnen, dass das Kind kürzlich krank war oder einen wichtigen Meilenstein in seiner Entwicklung noch immer nicht erreicht hat.

Als mein Sohn ein Baby war, besuchte ich einen PEKiP-Kurs – pandemiebedingt fand dieser online statt. Jedes Mal startete die Stunde mit einem Wochenrückblick. Alle Mütter berichteten von den Erfolgserlebnissen und Fortschritten ihrer Kinder. Nur ich nicht. Mein Kind krabbelte nicht, aß keine Beikost und schien im Vergleich zu den anderen Babys irgendwie unnormal zu sein. Ich sprach ganz offen über meine Herausforderungen, in der Hoffnung, vielleicht Rat von den anderen zu bekommen. Aber bald galt ich im Kurs als »die Sorgenmutter«. Dass bei den anderen vermeintlich alles super lief, war sehr schlecht für meine Psyche. Ich fühlte mich völlig allein mit meinen Problemen. Fast wäre ich zu einem Psychotherapeuten gegangen, weil ich dachte, nur ich kriege nichts hin. Als ich einige Mütter aus dem Kurs persönlich traf, merkte ich, dass natürlich nicht immer alles perfekt bei ihnen war. Das tat gut. Im Nachhinein weiß ich auch: Anton entwickelt sich in seinem eigenen Tempo, er lernt alles einfach ein bisschen später.

Die Sorge um eine gute Entwicklung, Förderung und Bildung der Kinder kenne ich auch aus meiner Heimat. Ich gehöre zur ersten und einzigen Generation der Ein-Kind-Politik in China und bin, wie alle meine Freundinnen, ein Einzelkind. Wenn wir im Englischunterricht die Vokabeln »brother« und »sister« lernten, fragten wir uns immer, wozu.

Ihren einzigen Kindern wollten unsere Eltern nur die beste Bildung ermöglichen, ohne die man keine Chance auf einen guten Job und somit auf ein gutes Leben hat. Daher ist die Konkurrenz um eine gute Bildung riesig. Schon Anderthalbjährige lernen Englisch und sagen Gedichte auf. Chinesische Eltern legen großen Wert darauf, dass ihr Kind auf eine Privatschule mit gutem Ruf geht und schon sehr früh herausragende Leistungen erbringt, sei es in Fremdsprachen, Naturwissenschaften, Sport oder Musik. Im Bekanntenkreis werden nicht nur Häuser und Autos, sondern auch Leistungen und Hobbys der Kinder verglichen. In der Schule war ich immer sehr ehrgeizig und hatte hohe Ansprüche an mich selbst. Schlechte Noten mit nach Hause zu bringen, wäre für mich eine Katastrophe gewesen. Irgendwann verstand ich, dass die hohen Erwartungen auch an der Ein-Kind-Politik lagen. Denn meine Eltern hatten ja nur mich – aus mir musste also um jeden Preis etwas werden. Das fand ich damals sehr unfair und es ärgerte mich. Wenn man so wie in Deutschland mehrere Kinder haben kann, ist der Druck nicht so groß, dass aus dem einzigen Kind etwas wird. Dann halt aus dem nächsten. Und hier kann man auch mit einer Ausbildung eine gute Arbeit finden und ein gutes Leben haben.

Das Verhältnis zwischen Eltern und Kindern ist in China viel hierarchischer als hier. Bei der Wahl meiner Schul- und später Studienfächer habe ich mich deswegen nach den Wünschen meines Vaters gerichtet. Dass ich zwischen Geige und Klavier wählen durfte, war schon fast fortschrittlich – viele Eltern bestimmen einfach, welchem Hobby ihr Kind nachgehen soll. Wenn ich keine Lust zu üben hatte, zwangen mich meine Eltern trotzdem dazu. Heute denke ich, sie hätten mich ruhig noch mehr zwingen sollen – dann würde ich heute besser Klavier spielen. Wenn ich zurückschaue, bin ich einerseits dankbar für die Erziehung durch meine Eltern. Trotzdem möchte ich bei meinem Sohn ein paar Dinge anders machen. Natürlich ist mir wichtig, dass Anton später in der Schule gut lernt und den Stoff versteht, aber er muss nicht immer eine Eins haben. Ich möchte ihn nicht zum Lernen zwingen. Hier in Deutschland erlebe ich, dass Kinder weniger Druck ausgesetzt sind. Man macht musikalische Früherziehung nicht, damit das Kind einen Vorsprung im Leben hat oder die beste Klavierspielerin wird, sondern weil man in der Elternzeit den Austausch mit anderen Familien sucht oder es den Interessen des Kindes entspricht. Für mich ist das die bessere Methode. In dieser Hinsicht bin ich lockerer als meine Eltern.

Das Verhältnis zwischen Eltern und Kindern ist aber nicht nur hierarchischer, sondern auch enger. Anders als in Deutschland, wo du mit achtzehn das Elternhaus verlässt und dein eigenes Leben lebst, bleibst du in China immer ein Teil deiner Ursprungsfamilie, egal wie alt du bist. Für meine Eltern bin ich immer noch das Kind und ich habe ihnen gegenüber nach wie vor Pflichten. Zum Beispiel erwarten sie, dass ich zum chinesischen Neujahrsfest zu Besuch komme. Das ist eine Frage des Respekts. Hier in Deutschland ist es völlig in Ordnung, wenn wir Weihnachten zu dritt feiern – seitdem wir Anton haben, sind mein Mann und ich nun eine Familie. Für mich sind immer noch meine Eltern meine Familie, nicht mein Mann und mein Kind.

Selbst wenn sie finanziell nicht mehr auf die Eltern angewiesen sind, hängen Kinder in China oft weiterhin psychisch von den Eltern ab. Chinesische Eltern zwingen manchmal ihre erwachsenen Kinder zu heiraten und Kinder zu bekommen. Das ist wichtig, um vor Verwandten und Nachbarn das Gesicht zu wahren. Manche Kinder geben dem Druck der Eltern nach, damit diese endlich aufhören, sie zu nerven. Unter diesem großen Druck kann es sehr schwierig sein, seinen eigenen Weg zu gehen. Dadurch, dass Anton in Deutschland aufwächst, wird er es hier in dieser Hinsicht hoffentlich leichter haben.

Während meiner Elternzeit rieten mir meine Eltern, möglichst bald wieder zu arbeiten, damit ich von meinem Sohn respektiert würde. Sie hatten Angst, dass ich als Ausländerin in einem fremden Land nicht selbstbewusst genug sein würde, um Anton ein gutes Vorbild zu sein. Anfangs fand ich diesen Gedanken blödsinnig. Dann war ich in der Elternzeit tatsächlich ständig besorgt und unzufrieden, manchmal sogar richtig verzweifelt. Diese Unausgeglichenheit hat unterbewusst auch auf meinen Sohn abgefärbt. Ich habe gelernt: Ich muss mich immer wieder aus der Komfortzone bewegen. Nur weil ich Mama bin, heißt das nicht, dass ich nichts mehr kann. Als mein Sohn in die Kita kam, suchte ich mir einen neuen Job. Das kostete mich ganz schön Überwindung. Doch nun habe ich hier eine Stelle, die zu meinen Bedürfnissen passt, bei der ich respektiert werde und etwas leisten kann. Durch die Arbeit bekam ich wieder mehr Selbstbewusstsein und Stabilität. Dass ich einen Job habe und mich darüber hinaus noch um ein Kind kümmere, macht mich stolz. Unterbewusst gebe ich Anton ein anderes Gefühl: Ich ziehe mich nicht mehr so zurück, gehe mutig voran und traue mich was. Auch wenn ich eine Ausländerin bin, kann ich hier eine Bereicherung für die Gesellschaft sein. Meine größte Herausforderung ist, Anton in dieser Beziehung immer ein Vorbild zu sein.

Als Mutter habe ich viel Neues gelernt. Früher dachte ich, wenn ich meinem Kind viel Input gebe, kommt viel Output heraus. Das heißt, wenn ich ihm viel vorlese, lernt er schnell sprechen. Wenn ich mit ihm Sand in die Förmchen schippe, trainiert er schneller seine motorischen Fähigkeiten. Mittlerweile bin ich realistischer. Man darf nicht die Erwartung haben, dass er morgen gelernt hat, was ich ihm heute zeige. Kinder lernen in ihrem eigenen Tempo. Früher hätte ich mir vorgeworfen, unsere gemeinsame Zeit nicht optimal zu nutzen. Heute bin ich da lockerer und mache mir weniger Druck: Ich gebe mein Bestes oder – wenn ich keine Lust habe – dann mal auch nicht.

Mein Sohn wird in Deutschland sicherlich Dinge lernen, die er in China nicht lernen würde. Ich wurde so erzogen, dass die Eltern und Lehrer quasi allwissend sind und man immer auf sie hören muss. Mein Vater hatte zu allem immer eine Meinung, die als richtig galt und nicht angezweifelt werden sollte. Wenn ich doch mal etwas hinterfragte, hieß es nur, ich hätte keine Ahnung und solle keine blöden Fragen stellen. Das hat mich tief geprägt. Auch in der Schule hatte ich früher oft Fragen, wusste aber, dass ich sie lieber nicht offen stellen sollte, um nicht als dumm zu gelten. Oft traute ich mich erst nach dem Unterricht meine Lehrer anzusprechen. Aber immerhin habe ich mich überhaupt getraut. Heute glaube ich an den Spruch, dass es eigentlich keine dummen Fragen gibt. Auch wenn es Überwindung kostet, hat sich das Nachfragen in der Schule, im Studium und nun bei der Arbeit immer ausgezahlt.

Ich hoffe, dass Anton weniger autoritär aufwächst. Er soll nicht denken, seine Eltern haben immer recht und seine Meinung zählt nicht, weil er nur das kleine Kind ist. Er soll seine Meinung haben dürfen und diese auf respektvolle Art und Weise äußern. Ich hoffe, er nimmt das Beste aus der chinesischen und der deutschen Kultur mit: Einerseits wünsche ich mir, dass er ein Teamplayer wird, nicht nur ein Einzelkämpfer. Andererseits hoffe ich, dass Anton lernt, dass er als Individuum die Gesellschaft aktiv mitgestalten, beeinflussen und bereichern kann. Er ist nicht nur Teil einer großen Masse.

Noch ist mein Sohn ja klein, aber ich möchte ihm viel beibringen, mit ihm um die Welt reisen und ihm Perspektiven aufzeigen, was er später beruflich machen kann und was auch nicht.

Zu seinem ersten Geburtstag haben wir Anton ein sehr beliebtes chinesisches Spiel spielen lassen. Ihm wurden Gegenstände angeboten, die für verschiedene Berufe stehen: ein Pinsel für einen Maler, ein Rechenrahmen für einen Mathematiker, ein Löffel für einen Koch und so weiter. Das Kind wählt selbst einen Gegenstand, der dann seinen zukünftigen Beruf voraussagen soll. Ich beobachtete, wie meine Schwiegermutter vorher ein paar Gegenstände wegnahm. Zum Beispiel einen Ball – sie wollte wohl nicht, dass Anton mal Fußballspieler wird. Das empfand ich als übergriffig. Ich finde, Anton soll selbst wählen dürfen. Natürlich wünschen sich alle Eltern einen gesellschaftlich anerkannten Beruf für ihre Kinder. Aber letztendlich muss das Kind selbst sein Glück finden.

Zu guter Letzt möchte ich noch etwas Überraschendes über Kindererziehung in Deutschland teilen:

Hier spielen Kinder im Sandkasten und nehmen alle möglichen Dinge in den Mund – und das ist gar nicht schlimm. Früher dachte ich immer, ein Kind sollte nicht mit Schmutz in Berührung kommen und es gilt, den Kontakt mit Viren zu vermeiden. Heute weiß ich: Das ist eigentlich gar nicht so gut. Denn so wie ich aufgewachsen bin, wurde mein Immunsystem nicht so gut trainiert.

María aus Costa Rica und Kolumbien

Ich wurde in Costa Rica geboren und bin in Kolumbien aufgewachsen. Studiert habe ich Internationale Beziehungen in den USA. Anschließend arbeitete ich sechs Jahre in Costa Rica und elf Jahre in Belgien. Vor genau vier Jahren kam ich nach Deutschland. Mittlerweile habe ich zwei Kinder: Diana ist viereinhalb und Fernando gerade acht geworden.

Mutter in Deutschland zu sein ist ganz anders als in Kolumbien. Zumindest in Berlin, wo ich wohne, ist es den Leuten weniger wichtig, was dein Kind für Kleidung trägt. Aber sie können auch ein wenig unfreundlich werden, wenn Kinder zu laut sind oder sich nicht »wie deutsche Kinder« benehmen – was auch immer das heißt.

In Lateinamerika geht man davon aus, dass Kinder Süßes lieben und deswegen bekommen sie große Mengen an gezuckerten Getränken und Süßigkeiten. Ähnlich verhält es sich mit fernsehen. Hier in Deutschland habe ich gelernt, dass es besser ist, Kinder von diesen beiden Dingen so gut es geht fernzuhalten: Süßigkeiten und Fernsehen. Aber ich bin weder in die eine noch in die andere Richtung extrem.

Naturheilkunde ist ja okay, aber ich mag es nicht, dass Medizin in Deutschland als schlecht angesehen wird. Schon eine Paracetamol zu nehmen, wird als schlecht angesehen. Manchmal haben die Kinder ernste Krankheiten und da muss man um Medikamente regelrecht betteln.

Ich finde es auch nicht richtig, dass die meisten Eltern in Deutschland ihren Kindern große Freiheit geben, um ihre Konflikte selbst zu lösen. Kinder brauchen Führung.

Dass Kinder in Deutschland bis sechs oder sieben zur Kita gehen, finde ich gut. In Kolumbien wird von Vorschulkindern erwartet, dass sie schon früh Lesen und Schreiben lernen. In Deutschland dürfen Kinder spielen und einfach Kinder sein, bis sie sechs sind.

In Lateinamerika sind wir sehr eng mit unserer Familie verbunden. Wir verbringen besondere Feiertage zusammen wie Geburtstage, Weihnachten oder Silvester. Wir sind füreinander da, was auch eine gewisse Verantwortung bedeutet. Es ist schwer, »Nein« zu jemandem zu sagen und wird auch als sehr schlecht angesehen. Hier in Deutschland habe ich den Eindruck, dass es Eltern und Kinder kaum erwarten können, voneinander getrennt zu sein, und dass sie es vorziehen, dass jeder seinen eigenen Raum hat, in den sie sich nicht einmischen.

Ich bin sehr stolz auf meine Herkunft und möchte nicht, dass meine Kinder vergessen, wo ich herkomme. Deswegen möchte ich ihnen so viel wie möglich aus meiner Kultur beibringen, angefangen mit der Sprache. Meine Kinder sollen mit mir die beliebte lateinamerikanische TV-Serie »El Chavo« und »Plaza Sésamo«, wie die Sesamstraße bei uns heißt, schauen. Sie sollen Salsa und Merengue tanzen lernen. Ich möchte, dass sie – so wie ich – Botschafter von Kolumbien in der Welt sind. Als solche sehe ich mich auch in der Arbeitswelt: Seitdem ich Mutter bin, habe ich mich beruflich umorientiert, um mich Deutschland und meinen Kindern anzupassen. Ich bin nun flexibler und meine Arbeit hat etwas mit meiner Herkunft zu tun: Ich bin Spanischlehrerin.

Zu guter Letzt möchte ich teilen, was für mich das Beste am Muttersein in Deutschland ist:

Die Sicherheit. Meine Kinder können draußen spielen und ihre Sachen liegen lassen und nichts passiert. Kolumbien ist in den letzten Jahren leider ziemlich gefährlich geworden.

Ebe aus Estland

Ich bin einunddreißig Jahre alt und kam wegen der Liebe nach Deutschland. Meinen heutigen Mann lernte ich in Estland kennen, als er dort einen Freiwilligendienst leistete. Zu der Zeit befand ich mich gerade kurz vor meinem Studienabschluss als Freizeitleiterlehrerin. Diesen Beruf gibt es so nicht in Deutschland: Ich arbeite wie eine Jugendarbeiterin an der Schule, bin aber auch für das Unterrichten qualifiziert. Nach meinem Studium hatte auch ich einen Freiwilligendienst in Italien geplant. Und so führten mein Mann und ich eine Zeit lang eine Fernbeziehung, bis wir im Anschluss unser gemeinsames Leben in Deutschland begannen. Heute leben wir hier mit unserem dreieinhalbjährigen Sohn.

Während der Schwangerschaft drehte sich meine größte Sorge um die Sprache. Da ich noch nicht perfekt Deutsch beherrschte, befürchtete ich, unter der Geburt nicht gut genug kommunizieren zu können. Am Ende verlief aber alles gut – ich hatte eh keine Zeit und Energie über die richtigen Worte nachzudenken.

In Estland ist es nicht unüblich, dass das ärztliche Personal die Geburt beschleunigt und routinemäßig einen Dammschnitt vornimmt oder manuell die Fruchtblase öffnet. In dem Geburtsklinikum, wo mein Sohn in Deutschland zur Welt kam, wurden Aromatherapie, Homöopathie und Akupunktur angeboten. Daher stellte ich mir die Geburt weniger invasiv als in Estland vor. Unter der Geburt musste ich dann aber dennoch diskutieren, ob ich wirklich an den Wehentropf gelegt werden musste oder welche Geburtspositionen ich einnehmen durfte. Vermutlich ist es in beiden Ländern ähnlich schwierig, unter der Geburt seine Wünsche zu äußern und auch respektiert zu wissen.

Viele Unterschiede zwischen Muttersein in Deutschland und Muttersein in Estland sehe ich gar nicht, denn kulturell sind wir nicht allzu verschieden. Aber zwei Beobachtungen habe ich gemacht: Estland ist ein kleines Land, wo weniger Anonymität herrscht und man sich eher von anderen Menschen abgrenzt. So erkläre ich mir, dass es in Deutschland akzeptierter ist, dass Kinder in der Öffentlichkeit, also zum Beispiel auf dem Spielplatz an den Rand pullern. Wir leben im Osten Deutschlands, wo Nacktheit durch die FKK-Strände viel normaler zu sein scheint. In Estland möchte man Intimes und Privates lieber für sich behalten. Außerdem sind Omas in Estland mehr in die Kinderbetreuung eingebunden. Wenn sie selbst noch berufstätig sind, haben sie zum Beispiel auch das Recht auf Kinderkrankentage, um sich um ihr krankes Enkelkind zu kümmern. Diese hilfreiche Form der Unterstützung gibt es für Familien in Deutschland leider nicht.

Gesellschaftlich ist es hier akzeptiert und finanziell möglich, dass ein Elternteil auch nach der Elternzeit nicht wieder Vollzeit arbeiten geht. In Estland ist das anders. Dort dauert die Elternzeit 475 Tage. Wenn die Eltern anschließend wieder in den Beruf einsteigen, geht das Kind meist für viele Stunden in den Kindergarten. Dass viele Frauen lieber mehr Zeit mit ihrem Nachwuchs verbringen würden, sieht man daran, dass auch das ältere Kind weiterhin zu Hause bleibt, wenn ein Geschwisterkind geboren wurde. Dann hat die Familie ja ein erneutes Anrecht auf die circa fünfzehn Monate Elternzeit.

Es ist eine große Herausforderung, ständig zwischen zwei Sprachen hin- und herwechseln zu müssen. Mein Sohn antwortet mir meist auf Deutsch. Damit er auch gut Estnisch lernt und mit meiner Familie in der Heimat kommunizieren kann, müsste ich also viel konsequenter nur Estnisch mit ihm sprechen. Im Alltag bin ich aber oft müde und muss multitasken. Da merke ich häufig selbst nicht mal, in welcher Sprache ich gerade spreche. Wenn ich einfachheitshalber mal wieder ins Deutsche gewechselt bin, muss ich ständig wieder bewusst ins Estnische umschalten. Das ist für mich anstrengend.

Mir fällt auf, dass Eltern in Deutschland auf eine viel positivere Weise mit ihren Kindern sprechen. Einmal beobachtete ich auf einem Spielplatz ein kletterndes Kind, das wohl etwas ängstlich war. Seine Mutter stand daneben und sagte: »Vertraue auf dich!« Auf Estnisch würde es sich seltsam anhören, so was zu sagen. Ich denke, wir würden eher sagen: »Hab keine Angst.« Bei uns wird eher Leistung von den Kindern eingefordert.

Das kenne ich auch aus meiner beruflichen Praxis und aus meiner eigenen Erfahrung in der Schule. Eltern in Estland erhalten täglich ein detailliertes Lehrerfeedback über die Leistung ihres Kindes. Dies ist möglich, weil die Digitalisierung in der estnischen Bildung schon viel weiter vorangeschritten ist. Estnische Eltern legen großen Wert auf digitale Bildung – Programmierung und Robotics gehören als Teil der Grundbildung zum Lehrplan. Wie so vieles hat das Vor- und Nachteile: Solange Kinder noch klein sind, sollten sie meiner Meinung nach nicht so viele Medien konsumieren. Andererseits geht es auch darum, eine gesunde Balance zu finden. Weil die Menschen in Estland sehr naturverbunden sind und sich viel an der frischen Luft bewegen, ist es einfacher, einen Ausgleich zu finden.

Die Lernfortschritte der Kinder, aber auch Defizite sind immer sehr klar nachvollziehbar. Für ein Kind kann so viel Kontrolle auch ganz schön belastend sein. In Deutschland finde ich es angenehm, dass Kinder nicht so strikt behandelt werden und sie mehr Zeit haben, sich in ihrem eigenen Tempo zu entfalten. Nicht die Forderung, sondern die Unterstützung steht im Vordergrund. Andererseits gilt die Bildung in Estland laut PISA-Studie als eine der Besten in der ganzen Welt.

Generell wird in Estland Bildung viel offener zelebriert. Der Schulanfang ist jedes Jahr ein großes Fest – nicht nur für die Schulanfänger, sondern für Schülerinnen und Schüler aller Klassen! Auch die Lehrkräfte werden mit Blumen beschenkt, als besonderes Zeichen der Wertschätzung. Auch ein Uniabschluss wird groß mit der gesamten Familie gefeiert. Als mein Mann sein Studium beendete, kam sein Zeugnis einfach per Post – das war es. In Estland ist das undenkbar.

In Estland feiern wir viele Feste im Einklang mit dem Jahresrhythmus. Das würde ich gerne meinem Sohn beibringen. An Weihnachten feiern wir die Geburt der Sonne, an Midsommer nimmt die Sonne langsam wieder ab. Auch die Feier unserer Unabhängigkeitstage ist uns sehr wichtig. Wir kleiden uns schön, die Familie kommt zum Kuchenessen zusammen – wie bei einem richtigen Geburtstag feiern wir die Geburt unseres Staates. Unsere Nationalflagge in den Farben blau, schwarz und weiß weht überall, besonders natürlich bei der Militärparade in Tallinn. Zu Hause lauschen wir der Fernsehansprache des Bundespräsidenten. An diesem Tag steht unsere leider schwierige Geschichte im Vordergrund.

In diesem Jahr überfiel genau an unserem Feiertag Russland die Ukraine – das war ein tiefer Schock für mich, den ich erst mal verarbeiten musste. Die Angst vor einer russischen Invasion ist in Estland nämlich sehr präsent. Dieses Jahr fiel mir das Feiern unserer Unabhängigkeit daher sehr schwer.

Um unsere Sprache zu würdigen, haben wir außerdem den Muttersprachetag (Emakeelepäev). Unsere Kultur, Tänze und Lieder zelebrieren wir jedes vierte Jahr beim Lied- und Tanzfestival, das über mehrere Tage gefeiert wird. Da kommen an die dreißigtausend Sänger, zehntausend Tänzer und mehr als sechzigtausend Zuschauer zusammen. Ich hoffe, dass es uns gelingt, im nächsten Jahr mit unserem Sohn teilzunehmen.

Muttersein in Deutschland hat für mich eine berufliche Neuorientierung mit sich gebracht. Durch meinen ehemaligen Beruf, aber auch durch eigene Kindheitserlebnisse habe ich mich schon länger mit psychologischen Themen beschäftigt. Seitdem ich selbst Mutter bin, habe ich mich noch intensiver mit meinen eigenen Emotionen, Familienmustern und Herausforderungen in der Familiendynamik auseinandergesetzt. Ich hatte den Wunsch, auf einer tiefgründigen Ebene mit anderen Menschen zusammenzuarbeiten und mit ihnen Lösungen und Strategien für ihre Herausforderungen zu finden. Meine Erfahrungen als Mutter gaben mir den letzten Stups und nun bin ich mitten in der Ausbildung zur Heilpraktikerin für Psychotherapie. Vor diesem Hintergrund sehe ich manches in einem anderen Licht. Zum Beispiel ist ein typischer Rat an Eltern in Estland, dass man Kinder nicht verwöhnen soll. Leider ist damit nicht gemeint, dass man ihnen nicht alles kaufen, sondern ihnen nicht zu viel körperliche Nähe geben soll. Ich sehe das genau andersherum. Kinder brauchen nicht jedes Spielzeug, aber besonders in den ersten Jahren ist körperliche Nähe für sie geradezu überlebenswichtig. Schon als Teenagerin habe ich mich für diese Themen interessiert. Damals las ich ein Buch von Anatoli Nekrassov, das mich sehr geprägt hat. Es ging darum, dass übermäßige Mutterliebe nicht vorteilhaft für das Kind sei, weil sie ihm Entwicklungschancen nehme. Das Buch hat mir auch gezeigt, wie wichtig Autonomie ist. Sowohl altersentsprechend bei einem Kind, als auch später, wenn das Kind selbst eine Familie gründet, ist es wichtig, dass es sich liebevoll, aber klar von anderen Erwachsenen, Kindern und der eigenen Familie abgrenzt. Das bedeutet, die eigenen Eltern (und später Schwiegereltern) mischen sich nicht ein und geben dem Kind und später seiner eigenen Familie den Raum, sein eigenes Leben zu führen. Der Autor beschreibt außerdem, dass nicht das Kind die oberste Priorität haben sollte – das Wichtigste sollte immer die Ich-Beziehung sein, dann die Beziehung der Eltern zueinander, dann das Haus als Raum für Entwicklung und Wohlbefinden der Familie und erst dann das Kind. Danach folgen Großeltern als erweiterte Familie, dann Arbeit und dann alles andere wie Hobbys oder Freunde. Mir hat das es geholfen, meine eigenen Prioritäten zu setzen, besonderes in Zeiten, in denen es nicht möglich war, alle Bedürfnisse zu erfüllen. Natürlich sollte jede Familie ihre eigene Balance finden. Der Autor war aber auch umstritten, denn seiner Ansicht nach liegt der Schlüssel des Familienglückes allein bei den Frauen. Den Müttern bürdet er so ziemlich viel Verantwortung auf.

Noch immer gibt es in Estland Mütter, die stolz sind, wenn ihr Mann niemals auch nur eine Windel wechseln musste. Aber estnische Frauen gelten auch als körperlich stark – sie sind gewohnt Holz zum Heizen zu holen, selbstständig Dinge zu reparieren und auch sonst alleine klarzukommen. Daher wundert es nicht, wenn in Estland europaweit die meisten alleinerziehenden Mütter leben. Wenn sie eh schon alles alleine machen, müssen sie sich nach einer Scheidung in manchen Fällen um ein Kind weniger kümmern.

Ich denke, langsam bringen sich estnische Väter mehr in die Betreuung ihrer Kinder ein und erachten Haushalt nicht mehr nur als Frauensache. Noch immer sehe ich aber, dass bei Problemen nur der Mutter die Schuld gegeben wird. Wenn ein Kind beispielsweise eine Verhaltensauffälligkeit hat, fragt keiner nach dem Vater. Dabei ist es doch sehr wichtig, dass er auch präsent im Leben seines Kindes ist. Dass beide Elternteile gelassen und ausgeglichen sind und sich so unterstützen, dass keiner überbelastet ist. Ich würde mir wünschen, dass auch darüber mehr gesprochen würde.

Zu guter Letzt möchte ich zwei estnische Sprichwörter teilen:

»Käbi ei kuku kännust kaugele.«
»Der Zapfen fällt nicht weit vom Baumstumpf.«

»Laps on kodu peegel.«
»Das Kind ist der Spiegel des Zuhauses.«

Beide Sprichwörter sagen das Gleiche aus: Eltern sind das Vorbild für ihre Kinder.

Mirja aus Finnland

Ich bin in der Nähe von Helsinki in Vantaa geboren und aufgewachsen. Schon immer wollte ich im Ausland leben. Weil der Vater meines Kindes in Berlin studiert hatte, entschlossen wir uns, dorthin zu ziehen. Ich habe Kunst studiert und wir sind beide Künstler. Ein bisschen klischeemäßig. Als wir nach Berlin kamen, war ich im achten Monat schwanger. Unsere Wohnung haben wir erst zwei Wochen vor der Geburt meines Sohnes gefunden. Er heißt Rudi und wird bald elf.

Als Rudi geboren wurde, sprach ich fast gar kein Deutsch. Trotzdem war meine Geburtserfahrung damals überaus gut. Hier ist Gebären viel natürlicher und relaxter. Meine Geburt verlief schnell, aber friedlich. Danach wurde ich extrem gut von meiner tollen Hebamme versorgt. In Finnland gibt es keine Hebamme, die Hausbesuche macht und die frischgebackene Mutter unterstützt. Generell lieben die Menschen in Deutschland Babys viel mehr. Für mich war es toll, hier Mutter zu werden.

Obwohl ich noch nie ein Kind in Finnland bekommen habe, habe ich trotzdem die Baby Box und finanzielle Unterstützung von der finnischen Regierung erhalten. Die berühmten Baby Boxes gibt es schon seit vielen Jahren. 1937, in einer Zeit extremer Armut, waren sie als Unterstützung für arme Mütter gedacht. Damals erhielten sie eine Art Erstausstattung in einem Korb. Später wurde alles wieder zurückgegeben, gewaschen und an die nächste bedürftige Mutter verliehen. Seit 1949 erhalten alle Mütter für jedes Neugeborene eine Box, die mittlerweile sechsundfünfzig verschiedene Produkte enthält. Die Box selbst dient als Babybett. Das hat schon viele Säuglinge vor dem Tod bewahrt.

Ohne Babybett würden sie mit im Elternbett schlafen und könnten erdrückt werden. Die meisten finnischen Babys – mich eingeschlossen – haben in so einer Kiste geschlafen. Eine passende Matratze und Laken gibt es auch dazu. Für mich war die Baby Box sehr wichtig, da sie mich mit allen anderen Müttern in Finnland verband. Die Kleidung, die sich in der Box befindet, reicht für das gesamte erste Lebensjahr. Mein Baby damit anzuziehen, war ein wirklich schönes Gefühl. Wegen der Schadstoffe, die sich in der Box befinden können, fühlte ich mich allerdings von anderen ziemlich unter Druck gesetzt und verurteilt. Fast hätte ich die Kleidung aus der Box deswegen doch nicht benutzt. Dass ich mich anfangs habe verunsichern lassen, bereue ich im Nachhinein – wie so viele Dinge in der ersten Zeit mit Baby, in der sich alles nur um das kleine, zerbrechliche Wesen dreht.

Die Menschen in Finnland legen viel zu großen Wert auf Dinge wie Geld und Klamotten. In der Öffentlichkeit wie zum Beispiel in Bus, Bahn und in Restaurants sind Kinder nicht gern gesehen. Leider sind Vergleiche zwischen Eltern an der Tagesordnung. Und jeder Spielplatz sieht aus wie der andere. In Berlin hingegen habe ich die Vielfalt an Spielplätzen und generell das breite Angebot für Kinder und Eltern sehr genossen. Kinder und Babys sind immer willkommen und alle sind anderen Erziehungsweisen gegenüber tolerant.

Die medizinische Versorgung ist sanft und Homöopathie gehört zum Mainstream. In Finnland bekommt man immer gleich ein Antibiotikum oder andere Medikamente verschrieben. Kitas und Ärzte sind hier viel persönlicher und bieten eine große Anzahl an Leistungen und Optionen. In Finnland ist das nicht der Fall. Dort ist ein Arztbesuch so, wie hier in die Notaufnahme zu gehen. Und finnische Kitas sind große Institutionen, die nicht an zu Hause erinnern wie in Deutschland. Vom ersten Tag an gibt man sein Kind einfach dort ab. Ich fand die Eingewöhnung hier in Deutschland zwar etwas zu lang, aber immerhin konnte ich so das Personal und den Alltag des Kindergartens gut kennenlernen. Auch das Schulwesen in Finnland ist anders. Dort stehen den Kindern alle Bücher, Materialien und auch das Essen kostenlos zur Verfügung. Wenn ein Kind nicht im vorgesehenen Tempo lernt, erhält es Unterstützung von der Schule. Mit unserer deutschen Schule habe ich dennoch gute Erfahrungen gemacht. Aber ich habe auch beobachtet, dass Kinder schnell nicht mehr gut in der Schule mitkommen – außer wenn die Eltern Geld für Nachhilfe ausgeben. Meine Freundin hat an einer anderen Schule allerdings ganz andere Erfahrungen gemacht. Ich schätze, es kommt auch sehr auf die Schule drauf an.

Die Liste der Herausforderungen, die ich in Deutschland hatte, ist lang. Dazu zählt: alleinerziehend zu sein, auch als ich noch mit dem Vater meines Kindes zusammen war. Fehlende Unterstützung durch meine Familie, auch wenn ich zu Beginn meiner Mutterschaft die Einsamkeit genossen habe, die darin bestand, dass meine Familie und ihre ständigen Ratschläge und Urteile fehlten. So konnte ich für mich selbst herausfinden, welchen Weg ich als Mutter gehen möchte und womit ich mich wohlfühle. Außerdem: die Party- und Drogenszene in Berlin. Die Arbeit und die ständigen Schließtage der Kita miteinander in Einklang zu bringen. Dass die Arbeitskultur nicht auf die Bedürfnisse von Eltern eingeht und die Kitas nicht auf die Bedürfnisse von arbeitenden Eltern. Das System geht immer noch davon aus, dass eine Person zu Hause ist, sich um die Kinder kümmert und nicht Vollzeit arbeitet. Und: der gar nicht so verstecke Rassismus, den ich und mein Sohn erfahren haben. Der offensichtliche Hass der Leute, wenn sie uns in unserer Muttersprache sprechen hörten. Wir hatten beide große Probleme, Freundschaften mit Deutschen zu schließen. Und mein Sohn wurde in der Kita und in der Schule gemobbt. Auch staatliche Hilfe wie Hartz IV, einen Deutschkurs oder Unterstützung für eine Weiterbildung bewilligt zu bekommen ist schwer. Oder eine Wohnung zu finden.

Nie habe ich etwas erreicht. Wieder und wieder wurde mir auf unterschiedliche Art und Weise zu verstehen gegeben, dass ich hier nicht willkommen bin. Als alleinerziehende, ausländische Mutter wurde ich außerdem von deutschen Arbeitgebern ausgenutzt, zum Beispiel nicht rechtzeitig bezahlt. Oder ich habe gar nicht erst einen Vertrag bekommen und sollte stattdessen Rechnungen stellen. Solche Probleme kann man hier nur mit einem Anwalt lösen.

Überraschend für mich war aber, dass die fehlende Unterstützung eine wunderschöne Verbindung zwischen mir und meinem Kind zur Folge hatte. Ich habe nicht einen Moment in seinen ersten Lebensjahren verpasst. Wir haben viel Zeit gemeinsam verbracht, in der wir uns gegenseitig, aber auch die deutsche Kultur kennengelernt haben. Oft gab es lustige Situationen, in denen wir Dinge falsch gemacht oder seltsam gefunden haben. Ich erinnere mich zum Beispiel, wie angeekelt wir von manchen deutschen Gerichten wie den schleimigen Kartoffelklößen waren. Ein Teil der wunderschönen Verbindung zwischen mir und meinem Sohn besteht darin, dass wir gemeinsam Außenseiter und deswegen Abenteuern offen gegenüber sind.

Aufgrund fehlender sozialer Kontakte haben mein Sohn und ich unser ganzes Leben in einer finnischen Blase gelebt. Ich möchte, dass er alles über die finnische Kultur lernt.

Gerade bereiten wir den Umzug zurück nach Finnland vor. Daher wünsche ich mir auch, dass er die deutschen Traditionen kennt und beibehält, zum Beispiel das Laternenfest, die Schuhe für den Nikolaus putzen und Ostern feiern. Außerdem mögen wir, es uns sonntags gemütlich zu machen, einige deutsche Gerichte und natürlich die deutsche Sprache.

Einer Mutter, die aus Finnland nach Deutschland ziehen will, würde ich Folgendes mit auf den Weg geben: Sei sanft zu dir selbst. Lass dir Zeit. Die Deutschen mögen es, wenn man sie ständig bestätigt. Um sie glücklich zu machen, nicke immer und wiederhole das letzte Wort, das sie gerade gesagt haben.

Wenn ich auf meine Zeit in Deutschland zurückblicke, denke ich an ein Zitat von Rainer Maria Rilke, das ziemlich gut zusammenfasst, wie ich mich gefühlt habe: »Wachte man nicht auf mit dem Gefühl, ohne Zukunft zu sein? Ging man nicht sinnlos umher ohne Anrecht auf alle Gefahr? Hatte man nicht hundertmal versprechen müssen, nicht zu sterben?« Heute denke ich, dass es das alles wert war. So tief zu gehen hat offenbar meine Vergangenheit gereinigt. Ich bin überrascht und verblüfft, dass ich es geschafft habe.

Zu guter Letzt möchte ich fünf Dinge teilen, die man in Finnland sagt:

»Vanhempien tehtävä on tuottaa lapsille pettymyksiä.«
»Die Aufgabe der Eltern ist es, ihre Kinder zu enttäuschen.«

»Jokainen lapsi rauhoittuu luonnossa.«
»Jedes Kind beruhigt sich draußen oder in der Natur.«

»Jokainen lapsi tulee lahjan kanssa.«
»Jedes Kind bringt ein Geschenk mit.« Das bedeutet, dass jedes Kind mit einem Geschenk geboren wird, das den Eltern hilft, gute Eltern zu werden.

Der Klassiker *»Nuttu nurin, onni oikein«* bedeutet sinngemäß, dass wenn die Jacke falsch herum angezogen ist, das Glück richtig herum ist.

»Leikki on lapsen työtä« gehört zu den wichtigsten Sprichwörtern der Finnen. Es bedeutet, dass Spielen die Arbeit der Kinder ist und genauso wie die Arbeit der Erwachsenen respektiert werden sollte.

Marguerite aus Frankreich

Gebürtig bin ich aus Paris, wo ich auch studiert habe. Im Anschluss an mein Studium ging ich nach Berlin, um meine Deutschkenntnisse zu verbessern. Eine Zeit lang pendelte ich zwischen Berlin und Paris hin und her, bis ich meinen Mann kennenlernte und dauerhaft hierblieb, obwohl ich immer noch gependelt bin über die Jahre. Seit wir eine dreijährige Tochter namens Alicia haben, reise ich viel weniger.

Um schwanger zu werden, brauchte ich medizinische Hilfe. Es gab eine nicht so gute Diagnose, was meine Chancen, aber auch die Chancen meines Mannes, schwanger zu werden betrifft. Leider war die Erfahrung in einer Berliner Kinderwunschklinik nicht sehr gut. Es ging dort sehr mechanisch und lieblos zu. So nach dem Motto: »Beine auf, ich untersuche Sie, das war's.« Menschlich gesehen war das sehr schwach. Dabei ist es besonders wichtig, als Individuum gesehen zu werden, wenn man sich in so einer vulnerablen Situation befindet. Später waren wir noch in einer weiteren Klinik im Ausland. Dort haben sie sich auch auf meinen Partner konzentriert und nicht nur mich im Zentrum gehabt. So haben sie erklärt, was auch mein Freund machen könnte, um unsere Chancen zu steigern. Das hat sich als Teamarbeit angefühlt. Dort war alles viel herzlicher. Die Ärzte nahmen sich viel Zeit und beantworteten selbst »doofe« Fragen.

Als ich dann schwanger war, erlebte ich aber eine schöne Schwangerschaft. Für die Geburt hatte ich bestimmte Vorstellungen, die in Deutschland vielleicht weniger auf Vorurteile oder gesellschaftliche Widerstände treffen als in Frankreich. So wünschte ich mir zum Beispiel eine Hausgeburt, keine PDA und keinen Dammschnitt. Auch wenn in Frankreich das Bewusstsein für Gewalt unter der Geburt wächst, wäre ich dort vermutlich ein bisschen als Freak betrachtet worden. Ich bin natürlich nicht gegen die PDA – zum Glück existiert sie für die Frauen, die sie sich wünschen. Ich finde, jede Frau soll die Wahl haben und respektiert werden, egal für was sie sich entschieden hat. Hier in Deutschland war die Geburt meiner Tochter insgesamt eine positive Erfahrung und meine Wünsche wurden respektiert.

Bevor ich schwanger wurde, dachte ich, dass ich zwei oder drei Monate nach der Geburt wieder arbeiten würde. In Frankreich gehen Babys in diesem Alter nämlich oft bereits in die Krippe. Nach der Geburt meiner Tochter war mir selbst ein Jahr Elternzeit zu kurz. Als sie vierzehn Monate alt war, haben wir einen Versuch der Eingewöhnung gemacht. Allerdings fand ich den Betreuungsschlüssel zu niedrig und daher auch die Qualität zu schlecht. Deswegen organisierte ich mich um und engagierte stattdessen ein Au-pair. Und wenn ich beruflich verreisen musste, begleiteten mich die beiden. Noch heute ist meine größte Herausforderung als Mutter in Deutschland meine berufliche Situation. Für meinen Job muss ich viel verreisen, da meine Qualifikation in Städten wie Paris oder Brüssel gefragter ist als hier. Auch wenn meine Tochter schon drei Jahre alt ist, fällt es mir immer noch schwer, länger ohne sie zu verreisen.

Auch wenn es toll ist, in Deutschland eine deutlich längere Elternzeit zu haben, ist mir aufgefallen, dass es in Berlin genauso normativ zugeht: Alle Kinder beginnen zu einem ähnlichen Zeitpunkt mit der Kita – nur eben nicht mit zwei oder drei Monaten wie in Frankreich, sondern mit einem Jahr. Es gibt hier also genauso feste Regeln. Nur dass sie einfach weiter hinten liegen. Meine Erfahrung war: Wenn du dich nicht an diese Normen hältst, fühlst du dich schnell als Außenseiterin.

In Paris bin ich immer erstaunt, wie die Mütter auf dem Spielplatz aussehen: schlank, schick frisiert, top gestylt und gut angezogen. Wie kann es sein, dass sie kleine Babys haben und so aussehen? Hier in Berlin verbringt eine Mutter nicht so viel Zeit mit Äußerlichkeiten. Ein extremes Beispiel ist für mich die ehemalige Ministerin Rachida Dati, die fünf Tage nach der Geburt ihrer Tochter wieder in High Heels im Elysée zur Arbeit erschien. Für mich ist sie eine typische Parisienne, die tendenziell vielleicht etwas mehr Frau bleibt. Aber wie sie sich wohl innerlich fühlt? Bereut sie, so wenig Zeit mit ihrem Baby verbracht zu haben? Oder im Gegenteil, verbringt sie zwar weniger Zeit, aber mehr »Quality Time« mit ihren Kindern, weil sie mehr Rücksicht auf ihre eigenen Bedürfnisse nimmt? Ich frage mich, wie das für diese Frauen sein mag. Was Rachida Dati betrifft: Für mich hat es so ausgesehen, als hätte sie sich selber Gewalt angetan, körperlich und geistig, nur um sich als starke, mächtige Frau zu zeigen. Feministische Vereine sahen ihre Attitüde als ein Risiko, dass Arbeitgeber Druck auf Frauen aufbauen, die nach der Geburt Zeit brauchen. Es ist umstritten, aber eine interessante Debatte. Ich finde, jede Frau sollte einfach die Wahl haben. Jede Frau und jede Geburt sind anders. Was für das erste Kind zählt, kann bei einem weiteren Kind ganz anders sein.

Seitdem ich Mutter bin, frage ich viel mehr, wie meine eigene Mutter ihren Alltag damals als junge Alleinerziehende gemeistert hat. Dafür bewundere ich sie. Trotzdem finde ich es schwierig, wenn meine Mutter meinen Erziehungsstil kritisiert. Denn einige Dinge mache ich anders als sie früher. Sie findet meine alternative Art *bobo* – das ist eine französische Wortschöpfung aus den Worten *bourgeois* und *bohème* und ist ein abwertender Begriff für das, was man in Deutschland vielleicht am ehesten als Hipster verstehen würde. Zum Beispiel habe ich meine Tochter nie schreien lassen und sie schläft noch immer bei mir mit im Bett. Meine Mutter kritisiert unsere Schlafgewohnheiten ganz offen – auch im Beisein meines Kindes. Ich denke, dass es sich auch um einen Generationenkonflikt handelt, denn meine Mutter beschwert sich, dass ich sie in manchen Erziehungsfragen gar nicht um Rat frage. Aber es ist sehr unangenehm und frustrierend, wenn mich ihre

Kommentare verunsichern und ich mein Verhalten gegenüber meiner Tochter tatsächlich ändere – vor allem in Anwesenheit meiner Mutter. Noch immer lerne ich, mit diesen Herausforderungen umzugehen.

Auch wenn meine Mutter und ich oftmals unterschiedliche Erziehungsansätze haben, war sie mir in einem Punkt ein Vorbild: Sie hat mich damals mit neun Monaten verhältnismäßig lang gestillt. Als werdende Mutter wollte ich das auch so machen und habe zweieinhalb Jahre lang gestillt. Auch wenn es manchmal anstrengend und erschöpfend war, bin ich froh, dass ich meine Tochter so lange gestillt habe. Ich finde jede Frau sollte die Möglichkeit haben, zu stillen oder nicht zu stillen, ohne Bewertung. Es gibt entweder das Diktat zu stillen, weil es gesundheitlich gut ist oder weil es gut ist für die Bindung. Oder es geht darum, schnell wieder zu arbeiten, wegen des Geldes, Karriere oder Macht. Schön wäre es, wenn sich jede Frau individuell entscheiden könnte, und dass das Stillen oder auch die Kinder länger zu Hause zu betreuen – von Mann oder Frau – neutral, ohne Bewertung betrachtet würde. Egal, was man macht, am Ende sind sehr oft Schuldgefühle da und es gibt wenig Platz für autonome, differenzierte Entscheidungen für jede Familie.

Ich bin nicht nur Mutter, möchte meinen Job aber auch nicht um jeden Preis machen. Wie viele andere Mütter gebe ich mir wirklich große Mühe, alles richtig zu machen – aber diese Anstrengungen werden weder als Arbeit anerkannt noch gesellschaftlich wertgeschätzt noch gibt es dafür Urlaub. Das gleiche gilt für alle Jobs, in denen Menschen für andere Sorge tragen. Das finde ich schade.

Man sagt: »It takes a village to raise a child« – ich bin davon überzeugt. Zumindest in Städten in Deutschland sind Familien aber oft isoliert, die erweiterte Familie ist weit weg. In Berlin gibt es wenig gegenseitige Unterstützung zwischen anderen Familien, zum Beispiel bei Nachbarn. So sieht keine Entlastung für mich aus. Das erlebe ich anders in Frankreich, Portugal oder Spanien.

Wie sollen Frauen so ohne Schuldgefühle arbeiten? Ich weiß es nicht.

Ich bin überzeugt, dass eine gute Bindung und eine überwiegend dyadische Beziehung in den ersten Lebensjahren eines Kindes sehr wichtig sind. Dass in Deutschland nicht genug Ressourcen für kleine Kinder bis drei Jahre bereitgestellt werden, zum Beispiel nicht in genügend Kitapersonal investiert wird, ist heftig für mich. Wieso wird nicht mehr über Betreuungsschlüssel und Qualität der Ausbildung der Erzieher sowie über die Anerkennung ihrer schönen, aber auch anstrengenden und so wichtigen Rolle in der Gesellschaft gesprochen?

Zu guter Letzt möchte ich drei überraschende Dinge über Kindererziehung in Deutschland teilen:

In Frankreich wird großer Wert auf Höflichkeit gelegt. Kinder sollen immer »Guten Tag« und »Danke schön« sagen – auch zu völlig Fremden und auch wenn sie schüchtern sind. Wenn Kinder in Deutschland das nicht möchten, zwingt sie keiner dazu, und die Erwachsenen haben Verständnis.

In Frankreich wird viel mehr darauf geachtet, dass sich Kinder nicht ständig schmutzig machen. Sie werden auch viel schicker angezogen.

Anders als in Deutschland werden Schwangere oder Eltern mit Kleinkindern in Frankreich viel zuvorkommender behandelt: An der Supermarktkasse wird man stets vorgelassen, alle sind freundlich und bieten Hilfe an. Hier hat man eher das Gefühl, man stört.

Song-Empfehlung: »Les yeux de ma mère« von Arno. Übersetzt bedeutet der Titel »Die Augen meiner Mutter«.

Katjia aus Griechenland

Ich wurde in Athen geboren, wo ich auch aufgewachsen bin. Studiert habe ich Schauspiel und Theaterwissenschaften. So um 2013 habe ich angefangen, mit Kindern und Erwachsenen als Stimmtrainerin und Sprachcoach zu arbeiten. 2013 kam ich als Erasmusstudentin nach Berlin. Um ehrlich zu sein, mochte ich es nicht besonders. Wegen der Finanzkrise war die Stimmung zwischen Deutschen und Griechen nicht sehr gut. Berlin kam mir gewaltsam und unfreundlich vor und wegen der düsteren Geschichte der Stadt konnte ich das Hier und Jetzt nicht wirklich genießen. Die Menschen und diese grausame Sprache haben bei mir negative Empfindungen hinterlassen, als ich wieder nach Hause fuhr. Drei Jahre später stand mein Leben Kopf. Eine Freundin aus Berlin lud mich ein, den Sommer bei ihr zu verbringen. Und ich sagte: »Ja, verdammt, das mache ich.« Einen Monat später traf ich meinen heutigen Ehemann. Hier bin ich und liebe diese wunderbare Sprache, liebe diese schöne, grüne, multikulturelle Stadt und ziehe hier meine Tochter auf. Sie heißt Anna und ist dreieinhalb Jahre alt.

Annas Geburt war ein wenig traumatisch für mich. Aber das lag nicht am Krankenhaus, sondern an den Komplikationen, die in einem Kaiserschnitt nach zwölf Stunden andauernden Schmerzen mündeten. Die ärztliche Versorgung war aber sehr gut und ich habe mich quasi sofort von der Operation erholt und nach einer Woche den ersten Spaziergang mit meinem Baby gemacht. Das Personal im Krankenhaus hat uns ganz wunderbar behandelt, und wir haben einen kleinen Fußabdruck von Anna, eine Badeente und ein Handtuch zur Entlassung geschenkt bekommen. Noch immer finde ich den Gedanken sehr schwer zu ertragen, dass so viele Menschen in Europa nicht mal eine medizinische Grundversorgung haben, während wir all diesen Luxus genießen. Das ganze Gesundheitssystem funktioniert hier einfach. In Griechenland funktioniert nichts mehr.

Hier in Deutschland Mutter zu sein ist einfach perfekt. Tatsächlich denke ich, hier ist der beste Ort der Welt, um Mutter zu werden. Du kannst mit deinem Kinderwagen auf den großen, breiten Gehwegen fahren. Das ist in Athen auf gar keinen Fall möglich. Die Luft ist frisch und klar, nicht so verschmutzt. Die Stadt ist ruhig und hat viele Parks und Spielplätze.

Eine gute Mutter zu sein hat mich weder in Deutschland noch in Griechenland interessiert. Eine Mutter in Griechenland würde ihrem Baby nie im Leben vorgekochten Brei aus dem Glas geben. Aber die deutschen Mütter tun das. Also habe ich das auch gemacht, denn ich hasse kochen. Am Anfang war ich voller Schuldgefühle, aber dann sagte ich mir: »Entspann dich.« Und dann habe ich mich entspannt. Eine Mutter in Griechenland würde einem Kind unter vier Jahren niemals Eis oder irgendwas mit Zucker geben. Aber die Deutschen machen das. Also habe ich das auch gemacht. Eine Mutter in Griechenland würde ihr Kind niemals im Regen spielen oder voller Schlamm und Schmutz rumlaufen lassen. Aber ich mache das. Und ich liebe es. Man sieht: Für die Griechen bin ich zu cool, für die Deutschen bin ich zu behütend. Das ist wohl der Fluch der Expats.

Eine griechische Familie ist sehr stark verbunden. Das hat natürlich Vor- und Nachteile. Ich behalte die Vorteile meiner Kultur – die Wärme, die Verbindung, die Fürsorge, das Geben – und die Vorteile der deutschen Art und Weise – die Unabhängigkeit, die Coolness, die Gelassenheit, die ruhige Stimme, die Struktur, die Routine, die Disziplin. Mann, ich bin einfach eine geile Mutter!

Das Bildungssystem ist scheiße, so wie überall in Europa. Das System braucht Arbeitnehmer und drängt dich dazu, einer zu werden. Ich finde das deutsche System kein Stück besser als das griechische oder andersherum. Der einzige Unterschied ist, dass in Griechenland alle studieren sollen. Alle sollen dort zur Uni gehen. Aber da geht es eher um Status, nicht um eine tiefe Überzeugung, dass jeder tatsächlich die Möglichkeit haben sollte, zu studieren. Ich werde nicht zulassen, dass ein Lehrer entscheidet, dass meine zehn- oder zwölfjährige Tochter nicht studieren darf und stattdessen eine Ausbildung machen soll. Sie soll machen, was auch immer sie möchte, und ich werde sie immer unterstützen.

Das Beste am Muttersein in Deutschland ist die Entspannung und die Akzeptanz. Du hast eine Rolle. Du wirst nicht allein im Dschungel gelassen. Der Staat respektiert dich dafür, dass du die nächste Generation von Deutschen großziehst. Und diese Deutschen müssen zumindest ernährt und gekleidet werden.

Was ich superpraktisch finde, ist, dass man vieles secondhand kaufen kann. Das ist in anderen Ländern nicht üblich. Hier ist es ganz normal, auf dem Flohmarkt Babysachen zu kaufen und nur einen Euro für etwas zu bezahlen, das sonst fünf oder zehn Euro kostet und das du eh nur dreimal anziehen wirst. Die Preise sind supergünstig. Windeln, Babynahrung, all das ist viel günstiger als in Griechenland, wo ein Fläschchen schon dreizehn Euro kostet und Windeln zwanzig. Und das im ärmsten Land der EU – das ist ein Skandal!

Ich finde es auch toll, dass meine Tochter ständig Kontakt mit Kindern hat, die vielleicht eine dunklere Hautfarbe haben oder Muslime sind oder das Downsyndrom haben oder querschnittsgelähmt oder intersex sind – und sie spielen jeden Tag miteinander und für meine Tochter ist es das Normalste auf der Welt. In Griechenland gibt es so was nicht. Da gibt es keinen Ort für diese Kinder. Sie werden versteckt, gehen auf andere Schulen, die Spielplätze sind nicht erreichbar für sie, ihre Eltern sind konservativer. Ich weiß auch nicht, was da los ist, aber die Welt ist dort nicht so bunt wie hier.

Den ganzen Tag alleine zu sein und mich nicht vollständig

auf Deutsch ausdrücken zu können, das ist meine einzige Herausforderung. Ich habe tolle Mütter getroffen, wir haben Bier getrunken und sie haben mich akzeptiert und respektiert und haben sich wirklich Mühe gegeben, mich in ihren vollkommen deutschen Freundeskreis aufzunehmen, aber es gibt immer einen Witz, den du nicht verstehst, ein Wort, das nicht passt, ein Gefühl, irgendwie weniger zu sein. Die Fremde, die Immigrantin, die arme Verwandte. Ich möchte das ändern. Und deswegen lerne ich, so viel es geht.

Deutsche Mütter empfinde ich immer als total cool. Aber ich habe gemerkt, dass auch sie ihre Unsicherheiten haben, die sie mit dir teilen. Sie sprechen viel mehr über ihre Probleme und Herausforderungen, als ich dachte. Andererseits merken sie nicht, wie privilegiert sie sind und dass sie sich oft über Dinge beschweren, die gar nicht so wichtig oder so schlimm sind, wie sie meinen.

Das Muttersein in Deutschland hat mich beruflich verändert – ich sitze ein wenig fest. Sprache ist meine Waffe, Sprechen ist mein Leben und hier ist es sehr, sehr schwer, etwas Relevantes zu tun. Auf persönlicher Ebene bin ich zu einem richtigen Supermädel geworden, das ganz allein ein Haus, ein Baby, einen Hund und einen Mann im Griff hat. Nenne es eine Superkraft. Ich bin von einem kleinen Mädchen zu einer unabhängigen, starken Frau geworden.

Zu guter Letzt möchte ich ein Sprichwort und einen typischen Rat an Eltern in Griechenland teilen.

»Wem Gott kein Kind gab, dem gab der Teufel Neffen.«
Wenn meine kinderlose Tante das zu mir oder meiner Schwester sagt, muss ich jedes Mal lachen.

Griechischen Eltern wird oft geraten: »Umarme deine Kinder nicht zu oft, du verwöhnst sie.« Das ist das Bescheuertste, was ich je gehört habe.

Gedichtempfehlung: »Epitaphios« von Giannis Ritsos, in dem eine Mutter den Tod ihres Sohnes beklagt, der 1936 während des großen Arbeiteraufstandes getötet wurde.

Sindy aus Guatemala

Ich bin dreiunddreißig Jahre alt und in Guatemala geboren und aufgewachsen, wo ich auch BWL studiert habe. Dort lernte ich meinen zukünftigen, rumänischen Ehemann kennen. Berufsbedingt war er ein paar Jahre in Guatemala, lebte aber eigentlich in Deutschland. Nach unserer Hochzeit vor dreieinhalb Jahren entschieden wir uns, nach Deutschland zu gehen, wo auch seine Familie lebt. Heute haben wir eine dreizehn Monate alte Tochter.

Direkt nach der Geburt traf mich der Kulturschock besonders hart. Ich hatte gerade einen Notkaiserschnitt gehabt, erlitt unglaubliche Schmerzen, war übermüdet und überfordert. Aufgrund der Pandemie durfte mich mein Mann nur vier Stunden am Tag auf der Station besuchen. Meine Mutter, die extra aus Guatemala angereist war, konnte gar nicht bei mir im Krankenhaus sein. Leider war das Krankenhauspersonal ziemlich abweisend und kalt zu mir. Wann immer ich um Hilfe bat, zum Beispiel weil mir etwas heruntergefallen war und ich mich nicht bücken konnte, hatte ich das Gefühl, dass mir nur widerwillig, mit einem genervten Gesichtsausdruck geholfen wurde. Nach der OP musste ich Kompressionsstrümpfe tragen. Aber niemand war da, um mir beim An- oder Ausziehen zu helfen. Ich konnte noch nicht mal duschen. Aus Guatemala bin ich gewöhnt, dass das Krankenhauspersonal sehr hilfsbereit und zuvorkommend ist. Einmal war mein Baby nur am Weinen und ich wusste absolut nicht, warum. Eine Krankenschwester bemerkte, dass ich völlig ausgelaugt war und schlug vor, meine Tochter zu nehmen, damit ich schlafen könnte. Nachdem sie den Raum verlassen hatte, hörte ich mein Baby mindestens noch eine halbe Stunde lang weinen.

Natürlich tat ich kein Auge zu. Ich fragte mich stattdessen, ob die Krankenschwester sich wirklich um meine Tochter kümmerte oder sie einfach alleine, weinend in einem Babybettchen zurückgelassen hatte. Ich rief nach der Schwester und bat darum, dass sie mir mein Baby zurückbringt. Aber sie meinte nur: »Dem Baby geht's gut. Mach dir keine Sorgen«, und ging wieder weg. In Guatemala hätten die Krankenschwestern mir nicht nur geholfen, meine Kompressionsstrümpfe an- und auszuzuziehen, oder mich ermutigt zu duschen. Sie hätten außerdem liebevoll mein Baby getragen und wären bei mir geblieben, sodass ich mich wirklich hätte entspannen können. Dort hätte das Personal alles erdenklich Mögliche gemacht, damit es mir wirklich besser geht.

Eine Hebamme zu haben, die Hausbesuche macht, war toll und sie gab mir viele wertvolle Tipps. Aber auch hier fehlte mir die menschliche Wärme: Sie kam pünktlich, machte ihre Arbeit, wog und vermaß mein Baby und war wieder verschwunden. Wie eine Kellnerin im Restaurant, die nicht viel mehr sagt als: »Hier ist Ihr Essen. Hat es Ihnen geschmeckt? Wie schön. Auf Wiedersehen.« Auch in Guatemala haben wir Hebammen, also *comadronas*, die sich durch ihre jahrelange Erfahrung – und nicht etwa durch eine Ausbildung oder ein Studium – einen Namen machen und Respekt verdienen. Sie arbeiten in ländlichen, indigenen Gegenden, wo die Menschen nicht die finanziellen Möglichkeiten haben, ihre Kinder in einem Krankenhaus auf die Welt zu bringen. Oftmals ist es den Schwangeren in den Dörfern auch lieber, von einer *comadrona* begleitet zu werden, da sie berechtigterweise Sorge haben, in einem öffentlichen Krankenhaus nicht gut behandelt zu werden. Hätte ich in Guatemala mein Baby bekommen, hätte ich – genauso wie meine Freundinnen und Verwandte – in einem privaten Krankenhaus entbunden und hätte keine *comadrona* gehabt. Das ist bei uns in der Stadt so üblich. Seit ein paar Jahren gibt es allerdings eine Bewegung, in der Doulas und Hebammen eine wichtige Rolle spielen. Es geht darum, schwangere Frauen zu ermächtigen, ihnen eine natürliche Geburt mit möglichst wenig Interventionen zu ermöglichen und das Körperbewusstsein zu stärken. Meist sind es Frauen der jungen, urbanen Generation, die sich zur Doula oder Hebamme ausbilden lassen. Soweit ich weiß, hat das nicht viel mit den *comadronas* aus den Dörfern zu tun.

Was in Guatemala außerdem anders gewesen wäre, ist die Tradition der vierzig Tage. In diesem Zeitraum nach der Geburt bleiben Mutter und Kind drinnen. Als ich meinen ersten Spaziergang mit Baby in den sozialen Medien postete, waren diese vierzig Tage noch nicht vorüber. Für mich war das kein Problem. Aber ich bekam extrem viele Kommentare von Freunden und Verwandten aus Guatemala, die mich dafür kritisierten. Es war Oktober und sie sagten mir, wenn ich mit dem Baby schon das Haus verlassen würde, würde meine Milch einfrieren oder sogar versiegen. Wäre ich in Guatemala gewesen, hätten sie vermutlich gar nicht erst zugelassen, dass ich rausgehe oder mich dafür gehauen (lacht).

Neben all den guatemaltekischen Traditionen erwartete meine Schwiegerfamilie, dass ich mich auch an die rumänischen Bräuche hielt. So ist es drei Wochen nach der Geburt üblich, das Baby in der Kirchengemeinde vorzustellen. Diesen Brauch konnte ich natürlich nicht mit der Erwartung aus Guatemala in Einklang bringen, das Haus nicht zu verlassen. Meine Schwiegermutter wollte meiner Tochter eine Münze auf den Bauchnabel binden. Angeblich sorgt das dafür, dass der Nabel schön nach innen und nicht nach außen wächst. Als ich meiner Mutter davon erzählte, meinte sie »Das ist doch verrückt! Du musst dem Baby eine *faja* anlegen!« Eine *faja* ist ein Stück Stoff, das um den Bauch gebunden wird. Letzten Endes entschied ich mich, auf den Rat meiner Hebamme zu hören und den Bauchnabel einfach in Ruhe zu lassen. Eine *faja* gibt es in Guatemala übrigens auch für frisch gebackene Mütter. Egal ob man einen Kaiserschnitt oder eine vaginale Geburt hatte, schon im Krankenhaus bekommt man eine *faja* eng um die Taille gebunden. Das soll bei der Rückbildung helfen, weil die Organe schneller wieder an ihren ursprünglichen Platz zurückkehren. Da ich im deutschen Krankenhaus aber noch nicht mal Hilfe mit meinen Kompressionsstrümpfen bekam, konnte ich auf Unterstützung beim Anlegen einer *faja* wohl kaum hoffen. Aber später, als ich zu Hause war, halfen mir meine Mutter, Schwester, Tante und Cousine dabei. Insgesamt habe ich sie nur etwa einen Monat getragen, weil ich es ziemlich unbequem fand und meine Ärzte und Hebamme meinten, mein Körper bräuchte so eine *faja* nicht. Aber ich habe eine Cousine in Guatemala, die noch heute eine *faja* trägt – und ihr Baby ist sogar älter als meins!

Bis heute ist es manchmal schwierig für mich, zu entscheiden, welcher Tradition ich folgen will – der guatemaltekischen, der rumänischen oder der deutschen.

Eine weitere große Herausforderung ist die Sprache. Als ich klein war, hat mir meine Mutter immer bei den Hausaufgaben geholfen. Die Arbeitsanweisungen hat sie mir laut vorgelesen und etwas erklärt, wenn ich es nicht verstanden habe. Ich habe große Angst, dass ich meiner Tochter nicht genauso gut helfen kann, wenn sie später zur Schule geht. Nächstes Jahr wird sie in der Krippe eingewöhnt. Jetzt schon frage ich mich, ob ich ihre Erzieherinnen gut verstehen werde. Aber bis dahin werde ich weiter Deutsch lernen.

Ich bin eine sogenannte *ladina* – das bedeutet, dass ich indigene und spanische Vorfahren habe. Für meine Tochter wünsche ich mir, dass sie sich ihrer indigenen Wurzeln bewusst ist. Viele junge Guatemalteken, die zum Beispiel in den USA leben, schämen sich für ihre Herkunft. Aber ich hoffe, dass meine Tochter sie wertschätzen und stolz auf sie sein wird. Hoffentlich nimmt sie aus meiner Kultur diese menschliche Wärme mit und wird jemand, der Herzblut in alles steckt, was er macht.

In Guatemala sagen wir: »Uno no es chapín si no puede hacer tamales.« Das bedeutet: Du bist kein richtiger Guatemalteke, wenn du nicht weißt, wie man Tamales macht. Tamales ist ein traditionelles Gericht aus Maismehl, das mit Fleisch, Käse oder anderen Zutaten gefüllt und in Bananenblättern gedämpft wird. Die Zubereitung ist ziemlich aufwendig, aber es schmeckt köstlich. Wenn meine Tochter älter ist, möchte ich ihr auf jeden Fall beibringen, wie man sie zubereitet.

Am 15. September feiern wir im Familienkreis unseren Unabhängigkeitstag und kochen und essen zusammen. Die Kinder tanzen zur Musik der Marimba, einem traditionellen Instrument, und tragen dabei traditionelle Kleider. Innerhalb von Guatemala gibt es viele verschiedene Kulturen – jedes Dorf hat eigene Kleider und Stoffe mit eigenen Mustern. Ich habe ein Foto von meiner Tochter, auf dem sie ein Kleid mit dem Muster aus meiner Stadt trägt. An jedem 15. September werde ich sie auf diese Weise anziehen.

Als ich klein war, sind wir jeden Sonntag in die Kirche gegangen und haben anschließend mit der ganzen Familie zusammen Mittag gegessen. Die gesamte Woche freute ich mich darauf, denn ich hatte immer so viel Spaß mit meinen Cousins und Cousinen. Diese Tradition habe ich auch hier eingeführt: sonntags nach dem Gottesdienst essen wir immer zusammen mit meinen Schwiegereltern.

Ich hoffe, dass meine Tochter alles über meine Kultur, aber auch über die rumänische und die deutsche lernt und das, was ihr am besten gefällt, daraus übernimmt.

Mehr als einmal habe ich mit den Gedanken gespielt, wieder zurück nach Guatemala zu gehen. In meinen dunkelsten Momenten sagte ich meinem Mann, dass ich es hier nicht mehr ertrage. Manchmal fühlt sich Deutschland wie eine andere Welt an. Und ich frage mich: »Wie kann es sein, dass es in einem so fortschrittlichen Land Diskriminierung und Rassismus gibt?« Glücklicherweise hat mich das nicht selbst betroffen. Aber zum Beispiel meine kolumbianische Freundin, die einen deutschen Ehemann hat. Ihre Kinder haben deutlich hellere Haut als sie. Auf dem Spielplatz kommentieren wildfremde Leute, dass es unangebracht sei, dass sie die Kinder so innig küsst – sie halten sie für die Nanny! Meine Freundin machen solche Erlebnisse unheimlich traurig. Und mich auch. Man muss schon sehr stark und mutig sein.

Zu guter Letzt möchte ich den besten Rat zum Thema Kindererziehung, den ich je bekommen habe, teilen:

Schlafe so viel es geht in deiner Schwangerschaft. Und schlafe, wenn dein Baby schläft.

Amritha aus Indien

Ich bin in Indien geboren und habe dort einen Teil meiner Kindheit verbracht. Bevor ich nach Deutschland kam, habe ich in den USA gelebt. Ich habe in Politikwissenschaften promoviert und arbeite im auswärtigen Dienst. Meine drei Kinder heißen Jeevan, fünf Jahre und in der ersten Klasse. Sushmitha, ein drei Jahre altes Mädchen. Und Samyuktha, ein zehn Monate altes Mädchen.

Alle meine Kinder habe ich in Deutschland zur Welt gebracht. Von den Erfahrungen meiner Cousinen, die in etwa zur gleichen Zeit Kinder bekamen, weiß ich: Mutter in Indien zu werden, ist ganz anders. Zunächst einmal ist die Betreuung vor und nach der Geburt in Deutschland beispielhaft. Die Bedürfnisse der Mutter werden beachtet und der Wille des Arztes wird nicht einfach aufgezwungen. In allen meinen drei Schwangerschaften hatte ich Schwangerschaftsdiabetes. Meine betreuenden Ärzte, Gynäkologen und Diabetologen haben nicht nur die körperlichen, sondern auch emotionalen Aspekte meiner Schwangerschaft berücksichtigt. In Indien wäre das wohl nicht der Fall gewesen.

Die Schwangerschaft ganz allgemein ist in Indien und in Deutschland ein einsamer Prozess. Da musst du alleine durch – körperlich, mental und emotional. Du kannst noch so ein gutes Netzwerk zur Unterstützung um dich herum haben, am Ende ist es deine eigene Herausforderung, angefangen bei der Schwangerschaft bis zur Geburt. Meinem Empfinden nach gibt es in Deutschland die unausgesprochene Erwartung, nach der Geburt möglichst schnell wieder körperlich fit zu sein. Ich habe Mütter gesehen, die im Geburtshaus entbunden und dann ihre nur wenige Stunden alten Neugeborenen zum Einkaufen mitgenommen haben. In Indien ruhen sich Mütter im Wochenbett mehr aus.

Auch wenn ich mehr als mein halbes Leben nicht in Indien gelebt habe, identifiziere ich mich als Inderin und meine Kultur ist mir sehr wichtig. Ich versuche sie in unser alltägliches Leben zu integrieren. Essen ist da die stärkste Verbindung. Meine Kinder essen gerne indisches Essen und es gehört zu ihrem Alltag dazu. Unsere Lieblingsgerichte sind ganz einfache Speisen – Reis, Dhal oder Pappad, ein dünner frittierter und knuspriger Fladen aus Urdbohnenmehl. Meine dreijährige Tochter liebt außerdem scharfes Essen. Eine zweite Sache ist die Sprache. Leider spreche ich meine eigene Muttersprache Telugu nicht fließend. Aber das, was ich beherrsche, bringe ich meinen Kindern bei. Ich höre indische Musik und lese meinen Kindern indische Bücher vor, besonders die Geschichte von Mahābhārata, ein wichtiges Epos aus dem alten Indien, und Geschichten von Tenali Ramakrishna und Birbal. Diese beiden historischen Autoren schreiben zum Beispiel über die Geschichte der Königreiche von Krishnadevaraja und Akbar. So bringe ich meinen Kindern die indische Geschichte in Form von Erzählungen nahe.

Was meine Kinder hoffentlich in Deutschland lernen und was sie in Indien vielleicht so nicht lernen würden, ist Selbstständigkeit und sich selbst, mit etwas Unterstützung von uns Eltern, zu entdecken, ohne dass man ihnen sagt, was sie tun oder wer sie sein sollen.

Ich habe gelernt, dass ich Stärken habe, von denen ich vorher nichts wusste: die Stärke geduldig zu sein, zu lieben, verletzlich zu sein und komplett selbstlos – was übrigens nicht gut ist. Ich habe gelernt, Arbeit, Haushalt, Familie und Eltern in Indien, die eigene Familie und Hobbys unter einen Hut zu bringen. Das ist viel Arbeit, die hart und ermüdend, aber auch sehr erfüllend ist.

Meine eigenen Eltern sind keine typischen indischen Eltern, ihr Motto war immer: »Freiheit und Verantwortung«. Als Kinder durften wir alles machen, was wir wollten, solange wir wussten, was es für Konsequenzen nach sich zog. Meine Eltern waren sehr entspannt, haben uns aber auch Verantwortungsbewusstsein und Selbstdisziplin beigebracht, uns Fehler machen und uns von diesen lernen lassen. Sie hatten ein Poster mit dem Gedicht von Khalil Gibran »Über Kinder« in ihrem Schlafzimmer hängen – dieser Philosophie folge ich auch heute. Das Gedicht lautet:

»Eure Kinder sind nicht eure Kinder.
Sie sind die Söhne und die Töchter der Sehnsucht
des Lebens nach sich selber.
Sie kommen durch euch, aber nicht von euch,
Und obwohl sie mit euch sind, gehören sie euch doch nicht.

Ihr dürft ihnen eure Liebe geben,
aber nicht eure Gedanken,
Denn sie haben ihre eigenen Gedanken.
Ihr dürft ihren Körpern ein Haus geben,
aber nicht ihren Seelen,
Denn ihre Seelen wohnen im Haus von morgen,
das ihr nicht besuchen könnt,
nicht einmal in euren Träumen.

Ihr dürft euch bemühen, wie sie zu sein,
aber versucht nicht, sie euch ähnlich zu machen.
Denn das Leben läuft nicht rückwärts
noch verweilt es im Gestern.

Ihr seid die Bogen, von denen eure Kinder
als lebende Pfeile ausgeschickt werden.
Der Schütze sieht das Ziel auf dem Pfad der Unendlichkeit,
und er spannt euch mit seiner Macht,
damit seine Pfeile schnell und weit fliegen.
Lasst eure Bogen von der Hand des Schützen auf Freude gerichtet sein;

Denn so wie er den Pfeil liebt, der fliegt, so liebt er auch den Bogen, der fest ist.«

Muttersein hat mich beruflich verändert. Habe ich nach meinen beiden ersten Kindern jeweils ein Jahr Elternzeit genommen, so tat ich dies nach dem dritten Kind nicht. Dieses Mal wollte mein Mann zu Hause bleiben und die Hauptbezugsperson sein und dagegen habe ich überhaupt nichts. Ich liebe meine Arbeit sehr und weil ich die Unterstützung durch meinen Mann hatte, entschied ich, direkt nach der Geburt wieder zu arbeiten.

Meine drei Schwangerschaften in fünf Jahren haben meiner Karriere nicht geschadet – anderen Frauen mag es da anders ergehen. Vielleicht, weil sich die Prioritäten verschieben und der Fokus mehr auf der Familie liegt. Damit will ich nicht sagen, dass mein Fokus nicht auf meiner Familie liegt, aber ich habe eine gute Balance und die Fähigkeit gefunden, Beruf und Familie zu trennen. Natürlich gibt es tatsächlich Schuldgefühle bei Müttern. Aber wenn du sie mit zur Arbeit bringst, beeinflussen sie deine Arbeit. Wenn du zu Hause mit dem Baby bist und nur an die Arbeit denkst, genießt du die Zeit mit deinem Kind auch nicht und auch das wirkt sich darauf aus, wie du arbeitest und bei deiner Arbeit gesehen wirst. Ich habe eine Regel, die ich sehr streng einhalte: Wenn ich Feierabend mache, stehe ich für nichts mehr zur Verfügung, egal, wie wichtig und dringlich es ist – außer es geht um Leben und Tod, aber ich arbeite ja glücklicherweise nicht im Gesundheitswesen. Zu Hause bin ich dann voll für meine Kinder da. Es hat gedauert, bis ich diese Balance gefunden habe, aber ich denke, das ist, was Frauen manchmal daran hindert, bei der Arbeit weiterzukommen und gleichzeitig Mutter zu sein. Beruflich stehe ich genau da, wo ich sein möchte.

Wenn ich einer Mutter, die aus Indien nach Deutschland ziehen möchte, einen Rat geben sollte, wäre es dieser: Bereite dich mental und emotional vor. Finde andere Frauen in deiner Gegend – es müssen nicht unbedingt indische Mütter sein. Sei offen und habe keine Angst, um Hilfe zu bitten. Nimm dir die Zeit, herauszufinden, welche Art von Mutter du für dein Baby sein möchtest. Fühle dich mit deinen eigenen Überzeugungen wohl und tritt für sie ein. Erziehe deine Kinder so, wie du es möchtest. Aber denke daran, dass es unmöglich ist, zu einem Fisch im Wasser zu sagen: »Trinke kein Wasser«. Wenn du indische Kinder in Deutschland hast, zwinge ihnen nicht deine indische Identität auf. Sie wachsen in der deutschen Kultur auf und das musst du akzeptieren.

Mutter zu sein ist in Deutschland, in Indien und überall auf der Welt eine Herausforderung, aber auch ein Segen. Mütter bringen Leben hervor – wir gebären nicht nur ein menschliches Wesen, wir haben auch die immense Verantwortung, es großzuziehen. Was wichtig ist, ist, dass wir sie nicht zu Ärzten oder Softwareentwicklern erziehen wollen, sondern zu freundlichen, einfühlsamen und verständnisvollen Menschen. Das bedeutet, ein wahrhaftiges Leben zu leben.

Zu guter Letzt möchte ich ein Sprichwort teilen, das man oft zu Eltern sagt:

»*This too shall pass.*«
In Deutschland sagt man häufig: »Es ist alles nur eine Phase.«

Leili aus dem Iran

Ich bin in Teheran im Iran geboren und aufgewachsen. Mit dreiundzwanzig Jahren kam ich nach Deutschland, um hier einen Master in Economics zu machen. Das war vor acht Jahren. Heute arbeite ich in einem Einzelhandelsunternehmen in Berlin. Meine Tochter heißt Nelly und ist acht Monate alt.

Wäre Nelly im Iran auf die Welt gekommen, wäre vieles anders gewesen. Dort ist der behandelnde Gynäkologe auch der Arzt, der das Baby auf die Welt holt. Die Krankenschwestern helfen nur dabei. Die meisten Frauen haben einen Kaiserschnitt – eine spontane Geburt gilt als zu schmerzhaft und anstrengend für Frauen. Ich war sehr überrascht, als mein Arzt in Berlin mir sagte, dass ich keinen Kaiserschnitt bekomme, da ich ja gesund genug für eine natürliche Geburt sei. Ich habe auch nicht weiter drauf bestanden, da ich dachte, das sei sicherlich ein aufregendes Abenteuer. Aber meine Familie in Teheran war geschockt und konnte es nicht glauben!

Dass aber so sehr auf eine natürliche Geburt und auf Stillen bestanden wird, empfand ich als zu großen Druck für Mütter. Die deutsche Gesellschaft reagiert zu negativ auf einen Kaiserschnitt und Milchersatznahrung. Ich verstehe, dass alles Natürliche als das Beste beworben wird. Aber ich habe viele negative Konsequenzen bei Frauen beobachtet, die diesen Ansprüchen nicht gerecht werden können. Und nun trauen sie sich nicht mal, darüber zu sprechen!

Ein weiterer Unterschied ist die Unterstützung durch die Familie. Im Iran werden schwangere Frauen vor und nach der Geburt von ihren Verwandten begleitet. Dort gibt es keine Hebammen und frischgebackene Mütter bekommen ihre Ratschläge von den Eltern oder Schwiegereltern. In Deutschland ist mir aufgefallen, dass jungen Eltern mehr Privatsphäre zugestanden wird.

Frischgebackene Mütter im Iran werden meist stark von weiblichen Verwandten unterstützt. Väter hingegen sind da nicht sehr involviert. Da die Gesellschaft dies auch nicht von ihnen erwartet, wird ein Vater, der zu viel hilft, sogar als abnormal angesehen! Ich kenne viele Väter, die sich mehr einbringen wollen, aber als abnormal wollen die meisten dann doch nicht gelten. Ich habe dreiundzwanzig Jahre im Iran gelebt und nicht ein einziges Mal gesehen, dass ein Vater eine Windel gewechselt oder ein Baby gefüttert hat.

Die Elternzeit im Iran dauert sechs Monate. Viele Frauen verlieren ihre Arbeit, da sie zu diesem Zeitpunkt meist noch nicht bereit sind, wieder zu arbeiten. Von Frauen wird erwartet, dass sie ihren Job nach der Geburt aufgeben. In meinem Land sind Kitas nicht umsonst. Sechs Jahre lang nicht zu arbeiten, bis das Kind zur Schule kommt, schadet der Karriere von Frauen. Viele von ihnen fangen nie wieder an zu arbeiten. Diejenigen, die ihre Arbeit wieder aufnehmen, haben große Herausforderungen wie hohe Kosten für die Kinderbetreuung und nach der Arbeit noch viel im Haushalt zu tun. Am Ende schätzt die Gesellschaft Mütter, die zu Hause bleiben, mehr wert als berufstätige Mütter.

In Deutschland ist vieles ganz anders. Ich mag die professionelle Unterstützung durch Hebammen und Stillberaterinnen. Außerdem genieße ich es total, dass ich mich auf meine eigene Art, mein Kind zu erziehen, fokussieren kann, ohne mir ungebetene Ratschläge aus meiner Familie anhören zu müssen.

Hier erwartet die Gesellschaft, dass die Väter involviert sind. Mir ist bewusst, dass die Rolle, die der Vater spielt, auch von ihm selbst und seinem Charakter abhängt. Aber wenn man viele Väter sieht, die mit dem Kinderwagen unterwegs sind, Babys die Flasche geben oder die Eingewöhnung in der Kita machen, werden die meisten Männer auch in Erwägung ziehen, diesen essenziellen Teil des Vaterseins zu übernehmen – und es nicht als Gefallen ihren Frauen gegenüber zu sehen!

Was die Berufstätigkeit angeht, finde ich die Hilfen toll, die Frauen bekommen. Mein Unternehmen reagierte sehr positiv, als ich meine Schwangerschaft mitteilte und ich habe mich immer unterstützt gefühlt. Das Elterngeld sorgt für ein Minimum an finanzieller Sicherheit. Und dass der Job sicher ist, ist eine totale Erleichterung für mich. Ansonsten finde ich super, dass es üblich ist, Babysachen secondhand zu kaufen. Soweit ich weiß, ist das im Iran tabu, wo man alles brandneu kauft. So eine Geld- und Ressourcenverschwendung. Außerdem habe ich beobachtet, dass Kinder in Deutschland wie Erwachsene behandelt werden und auch mit ihnen so gesprochen wird. Hier habe ich noch nie einen Erwachsenen gesehen, der seine Stimme verstellt oder sich albern verhält, wenn er mit einem Kind spricht. Eltern reden mit Kindern über Fakten und respektieren die Meinung eines jeden Familienmitgliedes.

Ich komme aus einem sehr geschichtsträchtigen Land und ich bin sehr stolz auf die iranische Kultur. Trotzdem lebe ich viele Teile dieser Kultur nicht, da ich mich ganz automatisch an die europäische Kultur angepasst habe. Natürlich sprechen wir zu Hause nur Farsi mit unserer Tochter und ermutigen sie, dies auch zu tun. Ich möchte ihr viele Aspekte meiner Kultur zeigen, Essen und Traditionen, aber sie soll sich nicht unter Druck gesetzt fühlen, alles zu befolgen oder zu mögen.

Wir werden, zum Beispiel, das iranische Neujahrsfest *Norouz* mit ihr feiern. Es ist auch ein Frühlingsfest. Die Vorstellung, dass die Natur wiedergeboren wird, finde ich wunderschön.

Was ich meiner Tochter außerdem gerne zeigen möchte, ist die Wärme. Meiner Meinung nach ist die Wärme der iranischen Kultur einzigartig und ich vermisse sie hier sehr. Es bedeutet fürsorglich und freundlich zu sein, Spaß zu haben und die Gemeinschaft mit der Familie zu genießen. Wenn du einen persischen Teppich anschaust, siehst du kräftige Farben, komplizierte Muster und schöne Details und fühlst dich sofort gut! Das ist die Wärme, die ich meine!

Es gibt aber auch Dinge in der iranischen Kultur, die ich nicht befolge und die ich meiner Tochter ganz bestimmt nicht weitergeben möchte. Ein Beispiel ist: immer darauf zu bestehen, dass die anderen das tun, was du möchtest. Bei uns heißt das *tarof*. Wenn zum Beispiel jemand bei dir zum Essen eingeladen ist und du darauf bestehst, dass er noch mehr isst, noch ein Stück Kuchen oder noch ein Getränk nimmt. Das ist nett gemeint, aber wirklich nervig. Ich habe das nie verstanden, es ist echt dreist. Anzugeben gehört auch zu den kulturellen Aspekten, die mir nicht gefallen. Warum soll sich jemand einen Kredit aufnehmen, um sich einen Porsche zu kaufen, um damit anzugeben, wenn es dann Probleme gibt, den Kredit wieder zurückzuzahlen? Oder warum erwartet ein Mädchen von ihrem Freund zum Geburtstag eine Rolex, obwohl beide erst fünfundzwanzig und Berufseinsteiger sind? Ich finde ein einfaches, aber entspanntes Leben sehr viel besser.

Religiöse Werte wollen wir unserer Tochter nicht vermitteln, da wir denken, dass Religionen die Menschen auf der Welt eher voneinander trennen, als sie zu vereinen.

Meine größte Herausforderung als Mutter in Deutschland ist die Sprachbarriere. Obwohl ich die Sprache spreche und viele Menschen hier Englisch können, hatte ich Schwierigkeiten, die richtigen Wörter und Ausdrücke zu finden, die mit Babys zu tun haben. Was mich insgeheim auch manchmal sorgt, ist, dass Nelly Opfer von rassistischen Übergriffen werden könnte. Meine Kindheit und Schulzeit waren perfekt, weil ich ja ein ganz normales Kind mit einem gängigen Namen war und mit anderen Kindern aufgewachsen bin, die so aussahen wie ich. Nelly hingegen sieht offensichtlich wie eine Ausländerin aus und auch ihr Nachname klingt nicht Deutsch. Kinder können so gemein sein – was ist, wenn sie sich dann schlecht fühlt?

Etwas, das ich als Mutter gelernt habe, hören wir jedes Mal, wenn wir im Flugzeug fliegen: »Im unwahrscheinlichen Fall eines Druckverlustes fallen automatisch Sauerstoffmasken aus der Kabinendecke. Ziehen Sie die Maske ganz zu sich heran und drücken Sie sie fest auf Mund und Nase. Helfen Sie danach Kindern und hilfsbedürftigen Menschen.« Für mich bedeutet das: Wenn die Mutter glücklich ist, ist auch das Kind glücklich. Ich gebe auch meinen Wünschen Raum und versuche, ein gutes Gleichgewicht für meine Familie zu finden. Das heißt: keine unnötige Selbstaufopferung und auf jeden Fall eine Maniküre/Pediküre und ein babyfreier Abend mit Drinks und Freunden, mindestens einmal im Monat.

Zu guter Letzt möchte ich einen Rat teilen, den ich einer iranischen Mutter, die nach Deutschland zieht, geben würde:

Sei entspannt, flexibel der neuen Kultur gegenüber und erzähle deiner Familie zu Hause lieber nicht zu viel über deine Erziehungsmethoden und was du jeden Tag so machst.

Kunstwerk-Empfehlung: »Madonna mit Kind umgeben von Engeln« von Jean Fouquet ist mein absoluter Favorit und ich liebe die ganzen Details. Die barbusige Madonna gibt mir das Gefühl, dass Mütter weder heilig noch ohne Schuld sein müssen. Die roten Engel im Hintergrund repräsentieren alle angenehmen und unangenehmen Menschen, Worte und Dinge, die dir als Mutter jeden Tag begegnen und die den Rahmen bilden, aber überhaupt nicht das Zentrum sind. Seitdem Nelly geboren wurde, ist dieses Bild mein Bildschirmhintergrund auf dem Handy.

Solla aus Island

Ich komme aus einem Vorort von Reyjkavík. Nach meinem Schulabschluss ging ich als Au-pair nach Deutschland. Das Leben hier gefiel mir gut und ich empfand es im Vergleich zu meiner Heimat als angenehm günstig. So entschloss ich mich, auch zum Studium zu bleiben und wählte Anglistik und Skandinavistik sowie später Interkulturelle Kommunikation als Studienfächer. Seit meiner Immatrikulation habe ich die Uni nicht mehr verlassen und in unterschiedlichen Positionen im Hochschulwesen gearbeitet. Zurzeit begleite ich im International Office internationale Studierende und Forschende. Mittlerweile bin ich außerdem Mutter von drei Kindern, die nun elf, acht und drei Jahre alt sind.

Mein erstes Kind erwartete ich mit neunundzwanzig Jahren. In unserem deutschen Freundeskreis waren wir die Ersten, die Eltern wurden – in unserem isländischen Freundeskreis mit Abstand die Letzten. Auch heute noch ist auffällig, dass gleichaltrige Freunde aus Deutschland immer jüngere Kinder haben, unsere Freunde in Island immer ältere. Ich denke, das liegt daran, dass es in Deutschland einen regelrechten Kriterienkatalog an gesellschaftlichen Erwartungen gibt, bevor man idealerweise ein Kind in die Welt setzt: einen festen Arbeitsvertrag, eine große Wohnung und eine feste Partnerschaft. In Deutschland gibt es ein riesiges Sicherheitsbedürfnis, einen unglaublichen Drang, sich gegen alle Eventualitäten abzusichern. Man muss erst einen Plan haben, dann können die Menschen leben. Deshalb wurden wir hier ganz schön schräg angesehen, als während meiner ersten Schwangerschaft mein Arbeitsvertrag auslief und mein Mann parallel dazu seine Stelle kündigte. Sorgen haben wir uns aber nie gemacht.

Die Einstellung, wie man an das Elternwerden und auch sonst an alle Herausforderungen rangeht, haben wir nämlich total aus Island übernommen. Dort ist es egal, ob man einen festen Arbeitsvertrag hat oder nicht. Auch ist es völlig normal, während des Studiums ein Baby zu bekommen. Die einzige Frage, die man sich stellt, ist, ob ein Kinderwunsch da ist oder nicht. Und wenn ja, macht man es einfach. Meine Erklärung für diese isländische Mentalität ist, dass man dort schon immer viel verbundener mit der Natur gelebt hat. Beispielsweise lebten viele Menschen von der Fischerei und somit von und mit dem Meer. Sie wissen, dass das Wetter und die Naturgewalten hart und erbarmungslos sein und sich schlagartig ändern können. Deswegen ist es wichtig, dass man sich leicht anpassen kann und mit dem klarkommt, was es gibt. Großartige Pläne zu schmieden, bringt da nichts. Das Leben kommt nun mal, wie es kommt. »Thetta reddast«, sagen die Menschen in Island, »Das wird schon«. Die isländische Mentalität ist es, Urvertrauen in das Leben zu haben und nicht alles totzuplanen.

Ein weiteres Thema, das mich noch immer beschäftigt, ist die Mutterrolle in Deutschland. Hier hat das Idealbild einer Mutter einen Beigeschmack nach 1950er Jahre. In den Köpfen der Menschen ist stark verankert, dass Kinder möglichst nicht in die Krippe gehen und Mütter ausschließlich in Teilzeit arbeiten sollten. Aus meiner eigenen Sozialisation in Island kenne ich das nicht. In meiner ersten Elternzeit prallten diese beiden Sichtweisen total aufeinander. Ich musste mich erstmal in meine Mutterrolle einfinden und überlegen, was ich eigentlich will. Ich stellte fest: Nach einem Jahr ausschließlich mit Kind zu Hause, hatte ich einfach keinen Bock mehr. Es erfüllte mich nicht. Gleichzeitig spiegelte mir die Gesellschaft hier ständig: Was bist du für eine Mutter, wenn dir das keinen Spaß macht? Wenn du keine erfüllte Mutter bist, solltest du dich dafür schämen. Dabei ist es einfach ein Fakt, dass Mutter sein nun mal nicht immer Spaß macht. Grenzwertige Kommentare oder seltsame Fragen begegneten mir überall – in

Krabbelgruppen, beim Arzt und später auch von meinem Arbeitgeber. Ich hatte ständig das Gefühl, eine Rabenmutter zu sein, weil ich wieder arbeiten gehen wollte. Aber als ich wieder in den Beruf einstieg, machte mir mein Leben wieder Spaß.

In Island würde ich mir solche Gedanken überhaupt nicht machen. Keine meiner Freundinnen mit Kindern arbeitet in Teilzeit – diese Möglichkeit gibt es dort schlichtweg nicht. Es ist völlig normal, dass beide Elternteile Vollzeit arbeiten. Natürlich kann man darüber streiten, ob das gut ist. Aber hier in Deutschland fühle ich mich vierzig Jahre in die Vergangenheit zurückversetzt. Dass ich mir überhaupt Gedanken gemacht habe, ob, und wenn ja, wie viel ich nach der Geburt meiner Kinder arbeiten möchte, war schon eine Veränderung. Das ewige schlechte Gewissen, das ständige Hinterfragen, ob ich eine Rabenmutter bin, die Sorgen, was die anderen Menschen wohl von mir denken – so war ich früher nicht.

Ich bin der Meinung, dass die politischen Strukturen für einen Wandel dieser Mutterrolle da sind. Hier gibt es eine längere und besser bezahlte Elternzeit als in Island. Es gibt gute Kinderbetreuungsmöglichkeiten. Aber die Bilder, die uns in den Medien oder sozialen Netzwerken vermittelt werden oder die Kommentare von anderen Leuten halten uns zurück. Oft stehen sich die Frauen selbst im Weg – da schließe ich mich selbst bewusst mit ein.

Darüber hinaus habe ich natürlich auch noch andere Herausforderungen als Mutter in Deutschland. In Island leben alle am gleichen Fleck. Hier müssen mein Mann und ich unser Leben ohne unsere Familie meistern. Damals sind wir beide nur mit einem Koffer und wenig Bargeld nach Deutschland gekommen und haben seitdem gelernt, uns alleine durchzukämpfen. Aber besonders hart ist es, wenn Krankheit ins Spiel kommt. Als eines meiner Kinder mehrere Wochen ins Krankenhaus musste, haben wir irgendwie alles geregelt bekommen – eine organisatorische und emotionale Meisterleistung! Das kann einen schon ganz schön fertigmachen.

Wenn ich darüber nachdenke, was das Beste am Muttersein oder -werden in Deutschland ist, fallen mir die Mutterschaftsvorsorge, die Begleitung durch Hebammen, die Elternzeit und das Elterngeld ein. Das finde ich wundervoll. Egal, woher die Menschen kommen – um dieses System beneiden uns Menschen weltweit. Traurig finde ich, dass die Deutschen dieses Privileg oft nicht sehen und wertschätzen.

Ich bin sehr dankbar, hier sein zu dürfen. Von unserem Gehalt können mein Mann und ich gut leben, drei Kinder haben, ein Haus, Auto und Urlaub finanzieren. Im Vergleich zu den meisten Menschen auf der Erde geht es uns sehr gut. Mit dem, was wir gelernt haben, wäre uns das in Island wohl nicht möglich. Als wir vor einigen Jahren ein Haus in Deutschland gekauft haben, war das ein richtig schönes Gefühl. Mein innigster Wunsch für meine Kinder war, dass sie sich hier heimisch fühlen, ein richtiges Zuhause haben und ihre eigenen Wurzeln schlagen. Ihre Kultur muss nicht die deutsche oder die ihrer Eltern werden. Meine Kinder sollen in ihrer Selbstdefinition völlig frei sein. Dennoch ist mir wichtig, ihnen mitzugeben, woher ich ursprünglich komme und was meine Wurzeln sind.

Zum Beispiel feiern wir Weihnachten, wie ich es aus meiner Kindheit kenne. In Island gibt es die Geschichte der dreizehn Weihnachtsmänner, die alle ihren ganz eigenen Charakter haben. Am 11. Dezember, also dreizehn Tage vor Heiligabend, stellen die isländischen Kinder ihre Schuhe auf. In jeder Nacht besucht einer der dreizehn Weihnachtsmänner sie und hinterlässt nicht nur eine Kleinigkeit im Schuh, sondern macht auch ganz schön viel Unfug. Morgens sieht man davon die Spuren: ein Weihnachtsmann ist der Löffelschlecker, der seinen mit Brei verschmierten Holzlöffel liegen gelassen hat. Ein anderer ist der Topfauskratzer, der lauter Pfannen und Töpfe auf dem Boden verteilt hat. Oder es gibt einen Würstchendieb, der nur die Wurstpelle übrig lässt. Als Gute-Nacht-Geschichte lesen wir den Kindern ein Buch vor, in dem erklärt wird, welcher Weihnachtsmann in der nächsten Nacht kommen und sein Unwesen treiben wird. Wenn die Kinder schlafen, haben wir Eltern dann einen Riesenspaß, das Wohnzimmer so vorzubereiten, dass die Kinder morgens entdecken, was der jeweilige Weihnachtsmann in der Nacht angestellt hat. Lange haben unsere Kinder wirklich an die dreizehn Weihnachtsmänner geglaubt. Diesen Zauber und die Sicherheit, die dieses Ritual gibt, wollen wir uns gerne bewahren.

Noch etwas, was ich meinen Töchtern mit auf den Weg geben möchte: Sie sollen keine Angst haben, starke Frauen zu sein. Sie sollen laut sein. Sich bemerkbar machen. Die Freiheit haben, zu machen, was sie wollen – auch wenn das bedeutet, gegen den Strom zu schwimmen. In dieser Hinsicht sind die Isländer etwas weiter. Die Präsidentin meiner Kindheit, Vigdís Finnbogadóttir, die weltweit erste Frau, die zum Staatsoberhaupt eines Landes gewählt wurde, war eine alleinerziehende Mutter. Sie zeigt, dass Kinder zu haben nicht bedeuten muss, sich selbst mehr zurückzunehmen, sondern eine Bereicherung ist. Für mich ist sie eine Frau mit wichtiger Signalwirkung, die großen Einfluss auf das Selbstverständnis von vielen Isländerinnen gehabt hat.

Zu guter Letzt möchte ich drei überraschende Dinge über Kindererziehung in Deutschland teilen:

In Deutschland tragen Babys einen Schlafsack im Bett.

Anders als in Island schlafen Kinder nicht bei Wind und Wetter draußen im Kinderwagen. Ich kenne Eltern, die einfach den Kinderwagen irgendwo festgebunden haben, damit der Wind ihn nicht wegweht.

Der Begriff Rabenmutter, den es in Island nicht gibt.

Song-Empfehlung: »Make you feel my love« von Bob Dylan geschrieben und von Adele gesungen. Ich habe dieses Lied oft in meiner ersten Schwangerschaft gehört. Die Botschaft ist: Egal, was passiert, ich werde dich für immer und über alles lieben und alles dafür tun, dass du diese Liebe spürst.

Masako aus Japan

Ich komme aus Japan, habe aber auch in den USA gelebt, in Ohio und auf Hawaii. Meine Studienfächer waren Grafikdesign, Kunstgeschichte und Englische Literatur. Im Oktober 2017 kam ich nach Deutschland, um einen Master zu machen. Heute arbeite ich als Freelancerin. Meine Söhne heißen Ken und Daigo und sind fünfzehn und sechzehn Jahre alt.

Als Mutter in Deutschland sehe ich viele Unterschiede, die mit der Schule und Bildung zu tun haben. In Japan fahren Erstklässler allein zur Schule und zurück. Als wir nach Deutschland kamen, musste ich meine Söhne jeden Tag bringen und abholen, obwohl sie schon in der fünften und sechsten Klasse waren, denn sie sprachen noch kein Deutsch. Später sind meine Kinder dann alleine zur Schule gefahren. Kinder in Japan müssen viel mehr lernen als in Deutschland. Die Aufnahmeprüfungen für die weiterführende Schule sind nicht einfach. Die Prüfungsvorbereitung ist eine große Herausforderung für Eltern und Kinder, besonders weil die Kinder dann in einem schwierigen Alter sind, in dem Mobbing und Selbstmord eine Rolle spielen. Das ist für alle Beteiligten eine große Belastung.

Gut finde ich, dass meine Söhne hier nicht mehr als nötig lernen müssen. Mein Sohn geht nun in die 10. Klasse einer internationalen Schule und macht bald den iGCSE-Test, das International General Certificate of Secondary Education. In Großbritannien entspricht das dem mittleren Schulabschluss in Deutschland. Dieser muss absolviert werden, um später studieren zu können. Ich habe meinem Sohn oft gesagt, dass er für den iGCSE lernen und nicht so viel spielen soll. Aber ich war nicht so streng mit ihm. Ich denke nicht, dass er durchfallen wird. Deswegen bin ich gar nicht so besorgt, auch wenn ich ihn bitte, zu lernen.

Typische japanische Mütter haben die Zukunft ihrer Kinder fest im Blick. Die schulischen Leistungen der Kinder sind ihnen sehr wichtig. Deswegen müssen die meisten Kinder viel lernen – teilweise bis zu sechzehn Stunden am Tag! Denn Eltern wollen, dass ihre Kinder auf gute Universitäten gehen, damit sie bessere Jobs bekommen und viel Geld verdienen. Aber ein gutes Gehalt ist nicht unser Lebenssinn, auch wenn manche Eltern das glauben. Trotzdem denke ich manchmal, dass meine Söhne auch mehr lernen und produktiv sein sollten. Es regt mich auf, dass die Kinder hier so relaxed sind und in den Sommerferien nichts lernen. Wenn ich darüber nachdenke, was »produktiv sein« eigentlich ist, fällt mir leider nichts anderes ein als Lernen. Ich bin aber sehr froh, dass ich nicht in Japan lebe, denn viele meiner Freundinnen sind sehr streng mit ihren Kindern, damit diese noch mehr lernen und sie geben viel Geld für Nachhilfe aus. Ich möchte, dass meine Kinder herausfinden, was sie wirklich im Leben machen wollen. Wenn sie gute Noten haben, haben sie auch mehr Möglichkeiten. Also hilft ihnen eine gute Bildung. Aber Bildung besteht ja nicht nur aus guten Noten. Auf der anderen Seite achten Universitäten und Unternehmen aber auf gute Noten. Es ist schon sehr schwer.

Aus meiner Kultur möchte ich meinen Kindern gerne etwas beibringen, aber nur, wenn sie es möchten. Glücklicherweise liebt mein jüngerer Sohn Anime und Manga und hat so eine gute Motivation, die japanische Sprache und Kultur zu lernen. Denn Anime- und Mangasendungen sind eine gute Möglichkeit, mehr über Dialekte, Städte, die verschiedenen Philosophien und so weiter zu lernen. Außerdem liebe ich japanisches Essen. An Silvester und an den ersten drei Tagen im neuen Jahr essen wir ein besonderes Gericht namens *Osechi*. Jeder Bestandteil des Gerichtes hat eine symbolische Bedeutung: gedämpfte, schwarze Bohnen stehen für gutes Gelingen bei der Arbeit, Nudeln stehen für ein langes Leben und so weiter. Am 3. März feiern wir den Tag der Mädchen. An diesem Tag essen wir ein besonderes Sushi namens *Chirashi zushi*. Der Tisch wird mit japanischen Puppen dekoriert und wir feiern das Leben eines Mädchens und beten für sie. Und dann gibt es am 5. Mai noch den Tag der Jungen oder den Tag der Kinder. An diesem Tag essen wir *Kashiwa mochi*. Mochi ist ein süßes Dessert aus Klebreis. Es wird in Eichenblättern serviert, die besonders von Gott beschützt sind, wie viele ältere Japaner glauben.

Und noch etwas habe ich meinen Söhnen beigebracht: Die wortwörtliche Übersetzung meines japanischen Lieblingssprichwortes ist: »Ein stehender Vogel beschmutzt sein eigenes Nest nicht«. Das bedeutet: »Es ist einfach nur höflich, wenn man aufräumt, nachdem man etwas benutzt hat. Wenn man einen Ort verlässt, sollte alles aufgeräumt sein«. Das habe ich meinen Söhnen immer gesagt. Wenn wir Freunde besuchen, räumen wir immer alles auf, bevor wir nach Hause gehen. Bei meinem jüngeren Sohn klappt das gut. Das macht er auch in der Schule.

Nicht nur ich bringe meinen Söhnen etwas bei, auch umgekehrt lernen Erwachsene viel von den Kindern. Meine Söhne haben mir zum Beispiel gezeigt, dass ich andere Menschen bedingungslos lieben kann. Ich las einen Beitrag einer Mutter, die mit ihrer dreijährigen Tochter übte, aufs Töpfchen zu gehen. Das ging oft schief und die Mutter war sauer, sie fragte ihre Tochter: »Wozu hast du denn einen Mund? Um mir zu sagen *Mama, ich muss mal Pipi machen!*« Aber die Tochter antwortete: »Mein Mund ist aber dazu da, dich *Mama* zu nennen.« Da musste ihre Mutter weinen und sie begriff, wie sehr ihre Tochter sie liebte. Als ich das las, musste ich auch weinen. Kinder lieben ihre Eltern blind. Wir sollten sie nicht verletzen.

Zu guter Letzt möchte ich ein Sprichwort aus meiner Heimat teilen:

»かわいい子には旅をさせよ«
»Kawaii koniha tabiwo saseyo.« »Wenn du deine Kinder liebst, schicke sie in die weite Welt.«

Raina aus Jordanien

Ich bin halb Jordanierin, halb Ukrainerin. Geboren und aufgewachsen bin ich in Jordanien. Ich habe einen Bachelor in Architektur und einen Master in Wassermanagement. Aber ich habe auch als Bauzeichnerin in der Wasserbau- und Wasserwirtschaft gearbeitet. Ich habe zwei Kinder, Adam und Laura, die sieben und eineinhalb Jahre alt sind. Offiziell bin ich im November 2012 nach Deutschland gekommen, als ich geheiratet habe. Mein Mann hat hier Medizin studiert und seit 1999 gearbeitet. Bevor ich nach Deutschland kam, hatte ich 2009/2010 ein Austauschjahr und 2011 ein Austauschsemester gemacht. Ich war vorher auch ein paarmal in der Ukraine gewesen. Während meines Austauschjahres habe ich viele EU-Länder bereist. Das war definitiv das beste Jahr meines Lebens.

In Deutschland Mutter zu werden, ist definitiv anders als in meinem Heimatland. Zunächst einmal bist du allein, also ist alles schwer. Bei meinem ersten Kind hatte ich eine Hebamme, das war gut. Aber während der zweiten Schwangerschaft habe ich keine Hebamme gefunden. Keine hatte mehr Kapazitäten frei.

In Deutschland schwanger zu sein, war eine sehr schöne Erfahrung. Viele Menschen halten einem die Tür auf und lächeln einen an. Im Großen und Ganzen ist die medizinische Versorgung gut. Was manchmal nervig war, ist, dass man lange auf einen Termin warten muss. Mein Eindruck war, dass viele unnötige Dinge gemacht wurden, die aber über die Krankenversicherung abgedeckt sind und Geld bringen. Was man sich aber wirklich wünscht, machen sie nicht. Besonders in der ersten Schwangerschaft war ich sehr besorgt, weil mein Baby eher ruhig war und ich manchmal keine Kindsbewegungen gespürt habe. Da hätte ich mir zum Beispiel zusätzliche Ultraschalltermine gewünscht.

In Jordanien gratulieren die Leute traditionellerweise am Tag der Geburt. Sie kommen und bringen Geschenke für das Baby. Die Mutter bereitet für sich und ihre Gäste ein Getränk aus gemahlenem Reis, Wasser, Zucker, Kümmel, Anis, Fenchel, Zimt, Mandeln und Pistazien zu. Es soll die Milchproduktion anregen. Ich persönlich bin nicht so traditionell – ich habe das Getränk einmal probiert und nicht gemocht. Also habe ich es sein gelassen. Aber ein paar Freunde kamen zu Besuch. In Jordanien gibt es nur drei Monate Elternzeit nach der Geburt und keine finanzielle Unterstützung von der Regierung. Auf der anderen Seite gibt es viele Kitas und einen Platz zu bekommen, ist kein Problem. In Jordanien sind nicht alle krankenversichert. Positiv ist aber, dass neue Technologien dort weitverbreitet sind und man zum Beispiel 4D-Fotos des ungeborenen Babys bekommt. Es gibt mehr Luxus in Jordanien, aber natürlich nicht für alle. Nach der Geburt ist es normal, ein Einzelzimmer im Krankenhaus zu haben. Hier in Deutschland habe ich beide Male das Zimmer mit anderen Frauen geteilt. Für mich ist das total okay, aber ich kenne viele jordanische Frauen, die ein Einzelzimmer haben möchten – besonders, wenn sie Musliminnen sind und mehr Privatsphäre haben möchten. Da ich nicht so religiös bin, war mir das egal.

Mutter in Deutschland zu sein, ist wirklich sehr schwer. Es gibt keine Gnade. Besonders in der Kita wurde ich immer wieder in eine Schublade gesteckt, so als ob ich die schlimmste Mutter aller Zeiten wäre. Die Erzieherinnen waren echt gemein und haben ständig versucht, mich über Ordnung oder Feinmotorik zu belehren. Ein älterer Junge ärgerte meinen Sohn ständig, deswegen wollte mein Sohn irgendwann nicht mehr in die Kita gehen. Natürlich war ich besorgt und suchte das Gespräch mit der Erzieherin. Ich konnte noch nicht mal meinen ersten Satz beenden, da hatte sie sich schon ihre Meinung gebildet und antwortete, ohne mir in die Augen zu sehen: »Klar, weil er keine Regeln zu

Hause hat.« Sie dachte, dass mein Sohn nicht gerne in die Kita geht, weil er dort beim Saubermachen mithelfen soll. Die gleiche Erzieherin hat mir immer und immer wieder irgendwelche Anweisungen gegeben und mich daran erinnert, dass wir hier in Deutschland Regeln haben. Als ob ich aus einer Höhle stammen würde! Hallo? Ich habe studiert! Diese Vorwürfe und Vorstellungen sind sehr unangenehm für mich. Ich finde es auch nicht fair: Mein Mann und ich arbeiten beide in Vollzeit und bezahlen den vollen Kitabeitrag. Aber ich kann trotzdem nichts tun.

Wenn ich die Bildungssysteme in Deutschland und Jordanien miteinander vergleiche, bin ich ein wenig geschockt über das deutsche System: In Jordanien lernen Kinder in der Kita die Zahlen, das arabische Alphabet und Englisch. Wenn sie eingeschult werden, können sie das alles schon. In Jordanien ist Digitalisierung und der Einsatz von Technologien viel weiter verbreitet. Und hier wird nach der vierten Klasse entschieden, ob ein Kind später zur Universität gehen kann? Kein Kommentar. – Dennoch finde ich das Bildungssystem in Deutschland sehr gut. Alle Kinder haben die gleichen Chancen. Und die Universität hier war sehr praktisch ausgerichtet und zielorientiert. Nicht so wie in Jordanien, wo immer nur viel geredet wird.

Eine ideale arabische Mutter verbringt viel Zeit mit Kochen und Saubermachen. Ich denke, das ist nicht schlecht für Kinder, aber so bin ich einfach nicht. Die Leute, die ich hier aus meinem Land kennengelernt habe, waren wirklich seltsam. Sie sind oft extrem, sehr religiös und engstirnig. Irgendwie stehe ich genau zwischen den Deutschen und den Arabern oder Jordaniern. Manchmal denke ich, ich habe keine richtigen Freunde. Und das schlägt sich auch auf meine Kinder nieder – sie brauchen doch soziale Kontakte.

Das Beste am Muttersein in Deutschland ist, dass ich meine Kinder fernab von allen Traditionen, die ich hasse, großziehen kann. Sie haben die Freiheit, sie selbst zu sein.

Was ich in Jordanien nicht mag, ist, dass sich immer alles ums

Essen dreht. Wenn dich jemand besucht, ist Essen sehr wichtig. Anzugeben ist auch weitverbreitet. Jordanier haben ein geringes Einkommen, aber es ist sehr wichtig, aus einer wichtigen Familie zu stammen, ein teures Auto, Haus und Kleidung zu haben, auf Privatschulen zu gehen und so weiter. Ich glaube aber auch, dass sich das wandelt. Die jüngere Generation scheint die Nase davon voll zu haben.

Rassismus ist für mich die größte Herausforderung. Die Menschen hier stecken einen in Schubladen. In letzter Zeit wurde im Supermarkt oft mein Kinderwagen kontrolliert – als wäre ich eine Kriminelle. Wenn ich mit Karte zahle, werde ich gefragt, ob es wirklich meine Karte ist, und ich muss mich ausweisen, weil mein Nachname komisch klingt. Ich verstehe, dass mein Name fremdartig klingt, aber die Art und Weise, wie ich gefragt werde, macht mich wirklich wütend. Ich glaube aber auch, dass sich Deutschland wandelt, besonders nach der Einwanderungswelle der letzten Jahre. Manchmal ist es schwer, sich zu integrieren, wenn du das Gefühl hast, hier will dich keiner haben. Natürlich nicht alle – ich möchte nichts verallgemeinern. Egal, was wir machen, werden wir niemals hundertprozentig deutsch sein. Daher ist es mir sehr wichtig, dass meine Kinder selbstsicher und stolz auf ihre Herkunft sind. Jede Sprache ist schön, auch Arabisch. Aus jeder Religion kann man etwas Gutes lernen. Ich glaube an Gott und an alle Religionen, aber ich bin nicht religiös – ich bin irgendwo dazwischen. Ich glaube, dass Religion auf einer persönlichen Entscheidung basieren sollte, also werde ich meine Kinder zu nichts zwingen. Tradition kann auch Spaß machen! Wir haben zum Beispiel einen traditionellen Tanz namens *dabkeh*. Ich würde mich freuen, wenn meine Kinder ihn lernen.

Es gibt noch mehr Dinge aus meiner Kultur, die ich meinen Kindern zeigen würde: ein Musikinstrument namens Zither, islamische Kalligrafie, dekorierte Blechlampen, traditionelle Stickereien und Schmuck, traditionelles Malen im Sand, Kamelrennen, Henna, Weihrauch und andere typische Kräuter und Gewürze.

Einer Mutter, die aus Jordanien nach Deutschland zieht, würde ich raten: Sei offen! Wenn du deinen Lebensstil von zu Hause nicht ändern möchtest, wozu überhaupt herkommen? Auch wenn ich mich manchmal anhöre, als sei ich enttäuscht, bin ich sehr dankbar für alles, was mir Deutschland gegeben hat und ich liebe dieses Land.

Zu guter Letzt möchte ich etwas Überraschendes über Kindererziehung in Deutschland teilen:

Es ist normal, dass Kinder bis sie vier oder sogar älter sind, Windeln benutzen. In Jordanien fangen wir mit einem Jahr an, die Windel abzugewöhnen. Nicht weil es teuer ist, sondern weil es überhaupt nicht hygienisch ist.

Gedicht-Empfehlung: »Eure Kinder« von Khalil Gibran.

Leila aus Kasachstan

Ich komme aus Kasachstan. Vor acht Jahren bin ich nach Deutschland gekommen, um hier zu studieren, die Sprache zu erlernen und die Kultur kennenzulernen. Zurzeit studiere ich spanische und russische Philologie. Außerdem arbeite ich als Sprachlehrerin und Übersetzerin/Dolmetscherin und habe eine Tochter.

Wäre meine Tochter in meiner Heimat zur Welt gekommen, hätten wir die Tradition кыркынан шыгару ganz anders pflegen können. Nach diesem alten Brauch werden einem neugeborenen Kind bis zu vierzig Tage lang keine Haare und Nägel geschnitten. Sobald das Baby vierzig Tage alt ist, glaubt man, hat es sich bereits vollständig an die Welt um es herum angepasst und es ist stark und bereit, auszugehen. Sehr oft traten vor diesem Tag weder die Mutter noch das Kind in der Öffentlichkeit auf. Nur die engsten Verwandten durften das Baby sehen. »Ableitung von vierzig Tagen«, wie der Name dieses Brauchs ins Deutsche übersetzt wird, kann als zweiter Geburtstag des Babys und als offizielle Präsentation an alle Verwandten und Freunde bezeichnet werden. Traditionell nehmen nur Frauen an der Zeremonie teil. In der Regel sind dies die Mutter des Kindes, die Patin, die Großmütter und Tanten. Bevor die Zeremonie beginnt, muss man heißes Wasser vorbereiten. Am Boden der Wasserschale werden Münzen oder Silberschmuck sowie Bohnen platziert. Die Münzen stehen für Reichtum. Silber gilt unter den Kasachen als Symbol für Reinheit und Schutz vor bösen Geistern. Die Bohnen stehen für ein wohlgenährtes und langes Leben. Dann werden vierzig Esslöffel Wasser in die Schüssel gegossen: Die Frauen nehmen nacheinander einen Löffel, wobei die älteste Frau beginnt. Dann schöpfen sie das vorbereitete Wasser, gießen es in die Schüssel und sprechen dabei gute Wünsche für das Kind aus. Anschließend werden dem Baby zum ersten Mal in seinem Leben Nägel und Haare geschnitten. Die Haare und Nägel können aufbewahrt werden. Normalerweise nehmen die Verwandten daran teil. Aber da unsere Familien nicht in Deutschland leben, haben mein Mann und ich alles zu zweit gemacht.

Leider werde ich in Deutschland täglich mit Rassismus konfrontiert. Als nicht-europäisch aussehende Mutter war es damals zum Beispiel schwieriger einen Kitaplatz zu bekommen. Oder wenn ich beim Kinderarzt bin, sehe ich wie mit den deutschen Müttern gesprochen wird. Wenn wir drankommen, sprechen die Arzthelferinnen ohne Lächeln oder ohne freundlichen Ton mit mir. Glücklicherweise spürt meine Tochter keine Diskriminierung, da sie perfekt Deutsch spricht und europäisch aussieht. Aus meiner Kultur möchte ich meinem Kind gern die Freundlichkeit gegenüber anderen vermitteln. Hier ist alles individualisiert. Die Kultur erzieht einen dazu, immer der Beste werden zu wollen. Lieber möchte ich meinem Kind die Fähigkeit beibringen, eher gemeinsam ein Problem zu lösen und freundlich gegenüber allen sein. Außerdem ist für mich wichtig, dass meine Tochter kommunikativ aufwächst und sich nicht scheut, neue Kontakte zu knüpfen. Da spielt natürlich die russische und kasachische Sprache eine wichtige Rolle.

Ein wichtiges Fest für uns ist unser Neujahr *Nauryz*, das am 22. März gefeiert wird. An dem Tag kochen wir viel zusammen, treffen uns mit der ganzen Familie und mit Freunden und besuchen Konzerte. Gerne würde ich meiner Tochter beibringen, wie man unsere nationalen Gerichte *Nauryz kozhe* – ein Getränk aus Milch, Pferdefleisch, Salz, dem Trockenjoghurt Kashk und Getreide – oder *Baursaki* – kleine, in Fett ausgebackene Teigröllchen aus Hefesauerteig – zubereitet.

In Deutschland Mutter zu sein, hat mich verändert. Als Sprachlehrerin, Übersetzerin und Dolmetscherin habe ich meinen Lieblingsberuf gefunden und arbeite in dem Bereich, den ich mag. Außerdem bin ich Podcasterin und Gründerin eines Projektes namens »Muttersprache«. Zusammen mit meinem Team biete ich Übersetzungsdienste für Schwangere oder Mütter mit Migrationshintergrund an. Diese Idee entstand, weil ich selber viele Frauen kenne, die während der Schwangerschaft in finanzieller Not waren und keine Arbeit fanden. Demnächst gründen wir einen Verein, um den Frauen noch besser helfen zu können.

Zu guter Letzt möchte ich einen typischen Rat an Eltern in meinem Heimatland teilen:

»Балага ›Мен сені жаксы керемін‹ деп жиі айту керек. Бул сездін артыктыны болмайды.« Meine Landsleute sagen, man kann seinen Kindern nicht oft genug sagen, dass man sie liebt. Auch meine Mutter hat mir als Kind immer gesagt: »Ich liebe dich.« Seit meiner Kindheit habe ich immer gewusst: egal was passiert, meine Mama ist auf meiner Seite und sie liebt mich. Das habe ich übernommen: Jedes Mal, wenn ich mit meiner Tochter Zeit verbringe, sage ich ihr, wie sehr ich sie liebe – auch wenn sie das schon tausendmal gehört hat.

Catherine aus Kenia

Geboren und aufgewachsen bin ich in Nairobi, Kenia. Studiert habe ich BWL und Grafikdesign, aber ich habe auch als Musikerin mit einer eigenen Band meinen Lebensunterhalt verdient. Mein Mann ist Deutscher, wir haben 2010 geheiratet. Im Winter 2012 bin ich das erste Mal nach Deutschland gereist und habe gemerkt, dass es mir nicht besonders gefiel. Anders als mein Mann, wollte ich nie hierherziehen. Eine Zeit lang bin ich einmal im Jahr nach Deutschland gereist. Einige Jahre später entschieden wir, dass es für unsere drei Kinder besser ist, wenn beide Elternteile in der Nähe sind. Also bin ich 2018 nach Deutschland gezogen. Meine Kinder sind Roland (elf Jahre), Alexander (neun Jahre) und Isabel (sieben Jahre).

Meine beiden Söhne habe ich in Kenia zur Welt gebracht, meine Tochter in Deutschland. Meiner Erfahrung nach ist in Kenia Mutter zu werden anders, weil man dort stark von der Familie unterstützt wird. Mal von ärztlicher Unterstützung abgesehen, ist in Deutschland eine Mutter meist für alles innerhalb der Kernfamilie zuständig. Bei der Geburt hatte ich hier in Deutschland mehr Möglichkeiten: Während der Wehen hatte ich ein eigenes Zimmer und für die tatsächliche Geburt einen Kreißsaal. Ich hätte mein Baby sogar in der Geburtswanne bekommen können. Solche Optionen sind in Kenia nicht weitverbreitet, schon gar nicht in öffentlichen Krankenhäusern.

Von Deutschland als Industrieland hatte ich erwartet, dass die Gesellschaft freier wäre. Für mich war es ein Schock, festzustellen, dass die Erwartungen an Mütter genauso, wenn nicht sogar höher sind als bei uns. Ich hätte gedacht, es gibt mehr Unterstützung. Aber Hilfe mit den Kindern ist bei uns viel leichter zu bekommen. In Kenia gehört ein Kind zur Gemeinschaft. Ich konnte meine Kinder regelmäßig bei Nachbarn lassen, wenn ich etwas erledigen musste. Oder meine Mutter kam zu uns, wann immer ich ihre Hilfe brauchte, bei Tag oder bei Nacht. In den ersten Monaten nach einer Geburt kommen alle, um zu helfen und man hat viele Besucher, die das Baby begrüßen. Diese Kultur, ein Kind gemeinschaftlich großzuziehen, geht auch später noch weiter. Nicht selten werden Kinder von einer Oma, Tante, Nachbarin, Nanny oder Lehrern zurechtgewiesen. Kindererziehung ist in Afrika eine Gemeinschaftsaufgabe, in Deutschland ist es alleinige Aufgabe der Eltern. In Deutschland ist es nicht nur teuer, jemanden wie eine Nanny zu beschäftigen. Auch innerhalb der Familie geht alles nur mit Termin. Man kann nicht einfach mal zu Besuch vorbeikommen. Es gibt klarer abgesteckte Grenzen, was man tun und lassen sollte, fragen oder nicht fragen darf. Auch innerhalb der Verwandtschaft. Es gibt auch die Erwartung an Eltern, ihre Kinder in der Öffentlichkeit zu »kontrollieren«. Laute Kinder mit Wutanfällen oder Mütter, die mit ihren Kindern laut in der Öffentlichkeit schimpfen oder ihnen einen Klaps geben, ernten schnell ein Stirnrunzeln. Gesellschaftliche Erwartungen an Mütter mit Kleinkindern sind besonders hoch, da sie für ein ungezogenes oder krankes Kind verantwortlich sind. Wenn irgendwas mit einem Kind ist, höre ich in Deutschland als Erstes die Frage: »Wo ist die Mutter?« – das ist eigentlich auch in Kenia so. Aber ich denke, in Deutschland gibt es mehr müde und schlechtgelaunte Mütter, da sie so viel alleine zu stemmen haben. Kinder sind in Deutschland wie ein dritter Arm. Man geht überall mit ihnen hin. Zeit alleine hat man kaum. Deswegen musste ich viele meiner beruflichen Projekte aufgeben. In Kenia hätte ich einfach Verwandte oder Freunde anrufen können, wenn mir alles zu viel werden würde und ich eine Pause bräuchte. In Deutschland ist das kaum möglich.

Dadurch, dass ich auf mich alleine gestellt war, ist mir bewusster geworden, wenn ich mich selbst verliere. Es ist leichter, sich nur um die Kinder zu kümmern. Aber nun kümmere ich mich bewusster um mich selbst und priorisiere auch meine eigenen Wünsche. Ich fühle mich stärker und bin organisierter. Was meinen Beruf anbelangt, habe ich ein größeres Selbstvertrauen, ich treffe leichter Entscheidungen, bin proaktiver und sage offener, was ich möchte.

Ich würde es toll finden, wenn meine Kinder meine Muttersprache Luo und die offizielle Sprache Kiswahili sprechen würden. Und wenn sie traditionelles Essen aus meinem Land schätzen, wie zum Beispiel *Ugali*, Teigtaschen namens *Samosas*, ein Fladenbrot namens *Chapati* und grünes Gemüse wie zum Beispiel Kohl, der mit Zwiebeln und Tomaten angebraten wird.

Ich hoffe, meine Kinder sind offener und nicht so individualistisch. Und dass sie gerne mit anderen teilen und sich um sie kümmern, auch mit Menschen außerhalb unserer Familie. Außerdem wünsche ich mir, dass sie einen gefestigten christlichen Glauben haben und nicht nur zu den wichtigen Feiertagen im Jahr zur Kirche gehen.

Einer der wichtigsten Gründe, meine Kinder in Deutschland aufzuziehen, ist, ihnen die Möglichkeit zu geben, Weltbürger zu werden. In ihrem Denken, in ihrem Handeln. Ich möchte, dass sie in ihrem Leben nicht die gleichen physischen und psychologischen Einschränkungen haben wie ich damals in Kenia. Als ich aufwuchs, gehörten zu meinen Herausforderungen, die Schule zu verpassen und später aufgrund der hohen Studiengebühren nicht studieren zu können. Manchmal ging ich nach der Schule mit meiner Mutter zum Markt, um Gemüse zu verkaufen und so etwas Geld hinzuzuverdienen. Auch heute noch ist das die Lebensrealität von vielen Menschen.

Psychologische Unterstützung bekam ich immer am besten in der Kirche. Denn unsere Kultur ist nicht so offen, dass sie Menschen bei Depression oder anderen Stigmata hilft. Viele Leute behalten solche Probleme für sich. Glücklicherweise wandelt sich das mittlerweile. Ich möchte, dass meine Kinder Zugang zu den bestmöglichen Optionen haben, die sie brauchen, um gut aufzuwachsen. Besser als ich früher. Genau darum kämpfte auch meine Mutter damals.

Zu guter Letzt möchte ich zwei Sprichwörter teilen:

»*Asiyefunzwa na mamaye hufunzwa na ulimwengu.*«
»Wem die Mutter nichts beibringt, dem bringt die Welt was bei.«

Und auf Kiswahili sagt man: »*Mtoto umleavyo, ndivyo akuavyo.*«
Sinngemäß bedeutet es, dass ein Kind so aufwächst, wie wir es erziehen.

Buchempfehlung: »Der Fluss und die Quelle« von Margaret Ogola. Es geht nicht um das Muttersein, aber es zeichnet die Leben von Frauen aus drei Generationen auf, ihre Vision, Ausdauer und Hoffnung. Das Buch porträtiert die Stärke einer Matriarchin, erst in einer ländlichen, dann in einer modernen Welt. Ich mag die Vision, die diese Matriarchin hatte und wie sie ihren Kindern Stärke beibrachte.

Kanto aus Madagaskar

Ich bin in Madagaskar geboren und auch dort aufgewachsen. Meine Eltern kommen aus zwei verschiedenen Ethnien und Orten und sind zusammen in ein anderes Dorf in der Nähe der Hauptstadt gezogen. Das ist wichtig zu erwähnen, weil ich so in einer ganz anderen Umgebung, mit einer anderen Erziehungskultur aufwuchs als meine Eltern. Wir waren sozusagen die »Fremden«.

Ich bin seit zehn Jahren in Deutschland. Nach meinem Abschluss in Madagaskar bin ich nach Deutschland gegangen. Zwischenzeitlich war ich wegen meines Studiums für jeweils ein Semester in Budapest und Genf. In Madagaskar habe ich Germanistik auf Magister studiert, in Deutschland habe ich den Bachelor in Religionspädagogik und den Master in Ecumenical Studies und Evangelische Theologie gemacht. Bis jetzt habe ich als Religionspädagogin gearbeitet. Dabei habe ich meinen Mann kennengelernt. Wir haben drei Kinder, zwei Jungs und ein Mädchen.

Mutter zu werden war ganz einfach, sich schwängern lassen und das Kind gebären (lacht). Bei meinem ersten, positiven Schwangerschaftstest bekam ich am gleichen Tag auch die Zusage für eine coole Arbeitsstelle. Über keine der beiden Nachrichten konnte ich mich freuen. Ich wollte die Stelle nicht annehmen, weil mir das unfair gegenüber dem Arbeitgeber und den Mitbewerber*innen schien. Aber irgendwann sah ich ein, dass das hier Deutschland ist und schwangere Frauen einige Rechte haben. Trotzdem hatte ich ein mulmiges Gefühl. Ich habe das dann auch meinen Vorgesetzten mitgeteilt und es war alles in Ordnung. Die fanden das okay.

Alle drei Schwangerschaften liefen einwandfrei, die Betreuung durch die Gynäkolog*innen gab mir das Gefühl von Sicherheit. Der Mutterschutz ist echt ein tolles Geschenk, weil er gesetzlich vorgeschrieben ist und ich nicht darum kämpfen oder darüber diskutieren musste.

Bei der ersten Schwangerschaft habe ich noch einen Geburtsvorbereitungskurs gemacht, weil ich dachte, ich müsste das. Das war für mich wegen der vielen Treffen eine Zusatzbelastung. Dort habe ich wenig gelernt und musste mir die Ängste von den anderen Frauen anhören, die von der Hebamme noch bestärkt wurden. Ich respektiere die Ängste der Frauen, aber dass die Hebamme das noch universalisiert hat, hat mir nicht gepasst. Ich gehe dort doch nicht hin, damit sie mir Angst macht, sondern damit sie mich aufklärt und mir Tools in die Hand gibt. Das war zumindest meine Meinung, ich glaube, der Meinung bin ich immer noch.

Bei der ersten Geburt bin ich dann mit meinem Mann zur Klinik gefahren. Mein Muttermund war schon vier Zentimeter geöffnet und die Hebamme meinte, in sechs Stunden wäre es durch. War leider nicht so. Es hat noch weitere siebzehn Stunden gedauert. Es ist ja nicht so schlimm, dass die Geburt so lange dauert. Mein Problem ist nur, dass die Hebamme mir diese falsche Information gab. Als sechs Stunden verstrichen waren, habe ich gewartet und gewartet. Die Wehen waren weniger schlimm als die Enttäuschung. Kurz bevor mein Kind geboren ist, wurde mir gesagt – um nicht »angedroht« zu sagen – dass, wenn das Kind in den nächsten zehn Minuten nicht kommt, ich einen »Cocktail«, also einen Wehencocktail mit Hormonen, bekomme. Kaum war die Hebamme weg, ist auch mein Kind gekommen. Nach der Geburt wurde ich wegen eines Risses genäht. Das war in Ordnung, es musste ja sein. Nur die Ärztin ging überhaupt nicht auf meinen Wunsch ein, mich erst zu sammeln, bevor es losging. Ein bisschen Pause hatte ich mir trotzdem gewünscht.

Für mich war klar, dass ich stillen würde und die Kinder bei mir Haut an Haut sein sollten. Leider, leider hat das Krankenhauspersonal zugefüttert. Sie behaupteten immer, dass ich nicht genug Milch und das Kind Hunger hätte. Ich wusste ja von meiner Mutter und meinen Tanten, dass das Kind am ersten Tag kaum trinkt, weil es sich erholen möchte. Deswegen war es für mich immer sehr schwierig damit umzugehen, dass die Kinder im Krankenhaus Milchersatznahrung bekamen. Im Krankenhaus war es sehr schwierig mit dem Personal zu sprechen, da mir schien, dass alles so gemacht werden musste, wie es dort vorgeschrieben ist. Jegliche Ausnahme – das heißt, die Wünsche der Patientin – wurden belächelt und dann ignoriert. Eine Menge negativer Erfahrungen, während und nach der Geburt, haben dann bei mir dazu geführt, dass ich bei meinem ersten Kind eine postnatale Depression hatte. Sie ist auch lange unentdeckt geblieben. Erst bei der zweiten Schwangerschaft zwei Jahre später wurde sie von meiner Psychotherapeutin festgestellt.

In Deutschland ein Kind zu bekommen war für mich eine wahnsinnige Herausforderung. Ich und mein Mann kommen aus dem Ausland und haben keine Verwandten hier. So waren wir ganz auf uns allein gestellt, wir hatten und haben bis jetzt keinerlei Unterstützung. Das Positive daran ist, das wir unser Leben neu organisieren können, zum Beispiel, wie Wochenbett zu laufen hat. Ich respektiere Traditionen und verstehe, dass es objektive Gründe gibt, warum die Menschen diesen Bräuchen weiterhin folgen, aber manche sind einfach nicht mein Ding und machen das Leben unnötig schwer.

Nach der Geburt soll der frischgebackenen Mutter warm sein, mit einem dicken Pullover, Hosen, Decken, Mütze, Socken. Sie darf nur warme Getränke trinken und Suppe essen. Ich habe im Sommer mein Baby bekommen. Da war es ohnehin schon heiß und ich wollte nicht noch mehr warme Kleidung tragen. Außerdem machen die vielen Stoffschichten das Stillen etwas schwierig. Auch mit Besuchen nach der Geburt hadere ich. Das ist nicht mir persönlich passiert, aber ich habe es mehrfach beobachtet:

Die Leute erwarten, dass du lachst. Aber wenn du müde bist und Schmerzen hast, kannst du vielleicht einfach nicht lachen. Natürlich bist du froh, wenn alles »gut« gegangen ist, aber zu lachen ist nicht die einzige Art, das auszudrücken. Frischgebackene Mütter wurden verurteilt und es wurden Dinge gesagt wie »Andere Mütter haben bei der Geburt ihr Leben oder das Baby verloren und du sitzt hier und guckst so traurig.« Bei vielen Besuchen kommen Verwandte und Freunde und beglückwünschen die Eltern. Sie sagen dann *»Ampiakatra sy hanondrotra avo ny voninahitry ny fianakaviana anie ity zaza ity«*, was so viel bedeutet wie *»Möge dieses Baby wachsen und die Würde und Ehre der Familie mehren.«* Außerdem wünschen sie noch andere Dinge, die nicht direkt das Baby oder die Familie betreffen. Die Eltern antworten dann: *»Enga anie ho tanteraka ny fanirinareo ho an'ity zanakay ity«*, was bedeutet: »Mögen eure Wünsche für unser Baby wahr werden.« Alle Leute projizieren ihre Wünsche auf das Baby. Dazu denke ich mir: Nein, danke! Lass das Baby einfach es selbst sein!

Für meine Kinder wünsche ich mir, dass sie die beiden Muttersprachen der Eltern kennen, damit sie sich in den drei Kulturen – meine, die meines Mannes und die deutsche – zu Hause fühlen. Sie gucken dann schon selbst, was ihnen gefällt und was nicht. Aus meiner Erfahrung habe ich gelernt, dass man sich Tradition und Ritual selbst gestalten kann.

Das Mutter-Dasein ist auf der ganzen Welt nicht leicht, egal, in welchem Land man ist. Es wird von der Frau erwartet, dass sie alles stehen und liegen lässt, um sich um das Kind, die Erziehung und den Haushalt zu kümmern. Andererseits wurde ich hier in Deutschland schräg angesehen, weil ich meine Kinder voll gestillt habe, sehr lange und auch überall, wo sie Hunger hatten. Für das eigene Selbstverständnis als Mutter ist es schwierig, in die Erklärungsecke gedrängt zu werden.

Wir haben das Glück, dass wir das Beste aus den drei Kulturen herausnehmen können. So hat mein Mann beim ersten Kind ein Jahr Elternzeit beansprucht, damit ich arbeiten konnte; beim zweiten waren wir beide für ein Jahr zu Hause und beim dritten bin ich wiederum zu Hause geblieben. In Madagaskar würde so was an ein Tabu grenzen, in Deutschland hatten wir schon manchen interessierten Blick geerntet.

Beim ersten Kind habe ich nach der Mutterschutzfrist voll gearbeitet – mit Abend- und Wochenendeinsätzen –, weil ich nicht auf der Strecke bleiben wollte. Ich habe in der Illusion gelebt, dass Familie und Beruf vereinbar sind. Ich habe die Arbeit auf ein Podest gestellt. Kind und Arbeit besetzten den ersten Platz auf meiner Prioritätsliste, dann kam mein Mann an zweiter Stelle und ich an dritter. Freundschaftspflege war dran, wenn es dringlich war. Es hat dann nur zu Burnout geführt. Da habe ich verstanden, dass ich mein Leben neu denken und neu organisieren muss. Das Ergebnis ist, Elternzeit in Anspruch zu nehmen. Das sind ja nur drei Jahre, die man weg von der Arbeit ist. Drei Jahre, die ich mir für meine persönliche Entwicklung und Selbstreflexion und natürlich meinen Kindern schenke.

Zu guter Letzt möchte ich noch einen typischen Wunsch für Frischvermählte aus Madagaskar teilen:

»*Miteraha, fy toa lahy, fy toa vavy.*«
»Bekommt Kinder – schmackhafte Söhne, schmackhafte Töchter.« Das bedeutet: Ob Sohn, ob Tochter: ein Kind ist immer liebenswürdig.

Ein typischer Rat in meinem Heimatland lautet: »Beherrsche deine Kinder.«

Kunstwerk-Empfehlung: »Baum des Lebens« von Jennifer Taranto. Es ist ein Bild von einer stillenden Mutter, die Leben in das Baby hineinstillt. Das Leben wird durch einen Baum dargestellt, dessen Wurzeln sich in der Brust der Mutter befinden und dessen Krone in den Mund des stillenden Kindes hineinwächst. Dieses Bild macht mir deutlich, dass nur ich als Mutter das meinem Kind geben kann. In den ersten Lebensjahren braucht es meine Präsenz und Zeit.

Ana aus Mexiko

Ich komme aus Mexiko und habe ein Jahr lang in Kanada und zwei Jahre in den USA gelebt. Studiert habe ich Grafikdesign und habe den größten Teil meines Berufslebens als Designerin gearbeitet. 2011 bin ich wegen meines deutschen Freundes, meinem heutigen Ex-Mann und Vater meiner Kinder, nach Deutschland gekommen. Meine Kinder sind sechs und acht Jahre alt.

Mutter in Deutschland zu werden war einerseits sehr schön – ich hatte zwei natürliche und bedürfnisorientierte Geburten. Meine Hebamme und meine Doula waren eine große Unterstützung, das war echt toll. Das Gesundheitssystem ist wirklich gut im Vergleich zu dem in meinem Land. Trotzdem habe ich mich während und nach beiden Schwangerschaften sehr einsam gefühlt. Meine Familie und besonders meine Mutter und meine Freunde haben mir sehr gefehlt. Nach der ersten Geburt war meine Schwester für einen Monat hier, nach der zweiten eine Nichte. Ja, du lernst andere Mütter auf dem Spielplatz kennen und freundest dich mit ihnen an. Aber am Ende des Tages bist du mit deinem Kind allein.

Die Definition von Familie ist hier anders. In Deutschland beschränkt sich Familie auf Mutter, Vater und Kinder. In meinem Land entsteht keine neue Familie, wenn ein Baby geboren wird. Die Familie wächst. Denn wenn wir von Familie sprechen, meinen wir immer auch Großeltern, Onkel, Tanten, Cousins und Cousinen. Ein anderer großer Unterschied ist der Wert der Familie. In meinem Land kommt die Familie an erster Stelle. In Deutschland kommt die Arbeit an erster Stelle. Was ich nicht mag, ist der große Wert, der auf Individualismus gelegt wird.

Oder auf das, was dich als Mensch definiert, was du arbeitest und wie viel du verdienst. Ich finde, wir sind viel mehr als ein Berufstitel und ein Gehalt.

In Deutschland ist mir aufgefallen, dass es nicht sehr gut angesehen ist, hundertprozentig Mama zu sein. Du bist dann eine Frau, die »nichts macht«. Der Wert einer Mutter ist sehr niedrig. Ich bin auch überrascht, wie viel Machismus es gibt, sehr subtilen Machismus, über den man nicht offen spricht, ähnlich wie beim Rassismus. Was mir in Deutschland hingegen gefällt, ist der Respekt, der der Umwelt, der guten Ernährung, dem anderen Geschlecht und der Diversität entgegengebracht wird, auch wenn es immer noch sehr viel Diskriminierung von Menschen gibt, die nicht aus »Industrieländern« kommen.

Was die Kindererziehung angeht, war ich sehr erstaunt, wie viel Wert in Deutschland auf Routinen gelegt wird, besonders mit Babys. Ich war sehr überrascht darüber und habe das nicht übernommen. Zum Beispiel müssen alle Kinder und Babys um sieben oder acht ins Bett. Als mein Sohn etwa neun Monate alt war, sind wir mit Freunden ans Meer gefahren. Es war ein warmer, sonniger Tag. Das Baby der anderen Familie musste um sieben ins Bett, weil das deren Routine war. Die Mutter hat das Baby in ihrem Zelt schlafen gelegt und blieb bei ihm liegen. Später kam sie wütend wieder, weil das Baby nicht schlafen wollte. Sie ließ es alleine im Zelt, weil es Bettgehzeit war. Das ist die Routine und daran muss man sich um jeden Preis halten. Das Baby weinte und weinte, mindestens eine halbe Stunde lang. Irgendwann ist die Mutter wieder reingegangen und gab auf. Sie holte das Baby wieder raus. An diesem Abend ist das Baby um neun Uhr eingeschlafen.

In meinem Land stehen kleine Kinder immer im Mittelpunkt und bekommen die ganze Aufmerksamkeit. Wenn du zu einer Party kommst, gibt es immer jemanden, der die Kinder tragen oder auf sie aufpassen möchte. In Deutschland passiert so was nur sehr, sehr selten.

Ich hoffe, dass meine Kinder hier Dinge lernen, die sie in Mexiko vielleicht so nicht lernen würden. Ich denke da an Ordnung und Disziplin. Und dass eine Gesellschaft mit nur sehr wenig Korruption möglich ist. Außerdem denke ich an die menschliche Wärme und familiäre Einheit, an der es in Deutschland mangelt. Man lernt ja auch von dem, was man nicht hat. Und dass Deutsch oder Europäisch zu sein, nicht bedeutet, dass man etwas Besseres ist.

Aus meiner Kultur möchte ich meinen Kindern am liebsten alles zeigen. Seitdem sie in meinem Bauch waren, möchte ich, dass sie nicht nur die Sprache kennenlernen, sondern auch den Humor, die Witze, die Ausdrucksweisen. Die reiche Küche, die große kulturelle Vielfalt mit Festen, Musik, Farben, Traditionen und Kunsthandwerk. Die Sonne, das Licht. Die Familienwerte. Ich möchte, dass sie in einer großen Familie aufwachsen. Nicht nur in ihrer biologischen Familie, sondern dass sie wissen, dass auch Freunde zu Familie werden können. Dass sie Teil einer Gemeinschaft sind. Ich möchte, dass sie die große Biodiversität, die Berge, die Strände, die Wüsten, die Wälder und Pyramiden kennenlernen. Die Geschichte. Dass sie lernen, dass es unterschiedliche Lebensweisen gibt. Dass sich Strukturen ändern können. Dass sie spontan und erfinderisch sind und improvisieren können. Dass sie ihre Gefühle offen zeigen. Dass sie wissen, dass wir uns streiten können und uns deswegen nicht weniger liebhaben. Dass sie wissen, wie man sich richtig umarmt, richtig knuddelt, ein Lächeln schenkt. Dass sie sich um unsere Lieben kümmern, wenn sie krank sind oder es ihnen nicht gut geht. – So versuche ich ihnen meine Kultur zu zeigen, die auch ihre Kultur ist. Meine Kinder sind nicht nur Deutsche, sie sind auch Mexikaner. Und das rufe ich auch immer wieder meiner deutschen Familie in Erinnerung. Bisher bin ich stolz auf meine Arbeit.

Am liebsten würde ich mit meinen Kindern in mein Heimatland zurückkehren. Dass ich wegen meiner Kinder beziehungsweise wegen meines Ex-Mannes gezwungen bin, weiterhin in diesem Land zu leben, in dem ich seit Jahren gar nicht mehr sein möchte, ist eine große Herausforderung.

Seitdem ich Mutter bin, ist mir meine mexikanische Identität sehr wichtig geworden. Ich habe meine Familie mehr wertgeschätzt und sie sehr vermisst, genauso wie meine engen Freunde.

Auf beruflicher Ebene hat Muttersein eine Auszeit bedeutet, auch wenn ich mich freue, zu hundert Prozent für meine Kinder dagewesen zu sein, als sie noch klein waren. Trotzdem habe ich einen hohen Preis bezahlt, denn ich habe meine finanzielle Unabhängigkeit verloren und meine berufliche Sicherheit lag am Boden. Beruflich habe ich mich völlig verloren. Ich bin gleichzeitig ausgewandert und Mutter geworden, das waren zwei sehr große Veränderungen zur gleichen Zeit. Damit einher gingen die Winterdepressionen, die Unsicherheit und die Ängste, die ich vorher noch nicht kannte.

Einer Mutter, die aus Mexiko nach Deutschland ziehen möchte, würde ich folgenden Rat geben: Wenn der einzige Grund hierherzuziehen, dein Partner ist, besonders wenn ihr noch nicht so lange zusammen seid, überleg es dir gut. Nicht nur ein oder zwei Mal. Sondern überleg es dir gut und denke ausführlich darüber nach. Dein ganzes Leben hinter dir zu lassen, dein Zuhause, deine Familie, deine Freunde, nur für eine Person, ist eine der gefährlichsten Entscheidungen, die du treffen kannst. Ich weiß, dass man, wenn man verliebt ist, nicht klar sehen kann. Aber beantworte dir selbst die Fragen: Was passiert, wenn mir das Leben in Deutschland nicht gefällt? Was mache ich, wenn ich mein Land vermisse? Was mache ich, wenn die Liebe zu Ende geht? Was mache ich, wenn ich nicht mehr glücklich mit meinem Partner bin? Was mache ich, wenn mein Partner mich betrügt? Wenn du mit einem Deutschen Kinder hast und die Ehe nicht mehr funktioniert, ist es ziemlich sicher, dass du weiterhin in Deutschland leben musst. Deine Freiheit wiederzuerlangen und wieder zurück in dein Land zu gehen, wird sehr schwierig. Die Mehrheit der Menschen, angefangen bei deinem Ex-Partner, werden dir sagen, dass das unmöglich ist. Frage dich: Willst du wirklich deinem Partner deine Freiheit opfern? Sei dir sicher, dass deinem Partner wirklich klar ist, was du für ihn aufgibst. Sprich mit ihm darüber. Schau, wie er reagiert. Lerne ihn noch besser kennen. Er sollte wirklich mit deiner Kultur vertraut sein, deine Werte und dein Land kennen. Eine Sache ist, als Tourist sechs oder zwölf Monate irgendwo zu sein. Eine ganz andere Sache ist es, wirklich in einem anderen Land zu leben.

Zu guter Letzt möchte ich einen typischen Rat in deinem Heimatland teilen:

»Deine Kinder gehören dir nicht. Du bist hier, um ihnen Flügel und Wurzeln zu geben.«

Film- und Serienempfehlung: »Alles über meine Mutter« und »Volver« von Pedro Almodóvar. Und »Little Fires Everywhere«, basierend auf dem gleichnamigen Buch von Celeste Ng.

Sumita aus Nepal

Ich wurde in Nepal geboren, wo ich auch aufgewachsen bin. 2009 kam ich nach Deutschland, weil ich eine andere Kultur kennenlernen, mein Selbstvertrauen steigern und mich beruflich orientieren wollte. In meinem Land war es schwer, mich auf die Karriere zu konzentrieren und es schien finanziell unmöglich. Als ich vom Au-pair-Programm erfuhr, fand ich, das wäre die beste Option für mich. Ich würde das Land und die Sprache kennenlernen, zu einem erschwinglichen Preis reisen und später in Deutschland studieren können. Ich habe hier nach dem Au-pair-Aufenthalt Information Engineering studiert und in diesem Bereich bis zur Geburt meines Babys gearbeitet. Mein Sohn heißt Bihan und ist sechs Monate alt.

Mutter in Deutschland zu werden ist auf jede erdenkliche Art und Weise anders als in meinem Heimatland. Wenn eine Frau in Nepal schwanger wird, steht sie im Mittelpunkt. Jeder aus der Familie bietet Hilfe und Unterstützung an. Da wir in einer Großfamilie leben, kochen die Älteren für sie, meist die Mutter oder Schwiegermutter, und zeigen, was sie nun nicht mehr machen darf. In Deutschland habe ich mich meist einsam gefühlt.

Als meine Schwangerschaft festgestellt wurde, bekam ich den Mutterpass, um alle wichtigen Informationen zu dokumentieren. In meinem Heimatland behält der Arzt all diese Informationen und Testergebnisse bei sich. Auch das Geschlecht wird einem nicht mitgeteilt, weil viele weibliche Föten abgetrieben werden. Hier zahlt die Krankenkasse für alle Tests. In meinem Land gibt es so was nicht.

In Nepal drehen sich die meisten Traditionen für Schwangere

um Essen. Am Ende des achten Schwangerschaftsmonats feiern wir *Dahi Chiura*, was »abgeflachter Reis mit Joghurt« bedeutet. Das soll gut für Schwangere sein. In dieser Zeremonie schenken Familienmitglieder der Schwangeren Geschenke, spezielle Gerichte und Süßigkeiten. Die werdende Mutter wird auch zu ihren Verwandten zum Essen eingeladen und bekommt Geschenke, die Glück bringen und für eine einfache und sichere Geburt sorgen sollen. Als ich sieben Monate schwanger war, riet mir meine Hebamme, Mützchen, Socken und Pullover für das Baby zu stricken. Sie sagte auch, ich könne schon Babykleidung und andere Dinge für das Baby kaufen. In meinem Heimatland macht man das vor der Geburt nicht, da wir glauben, dass es ein schlechtes Omen ist.

Werdende Mütter werden in Nepal rund um die Geburt von ihren Schwestern oder engen Freundinnen begleitet. Da ich in Deutschland mein Baby bekam, war mein Ehemann bei der Geburt dabei. Das gab mir große Sicherheit und er war auch sehr glücklich, dabei sein zu können.

In Deutschland hatte ich auch die Möglichkeit, an einem Geburtsvorbereitungskurs teilzunehmen. Das half mir, mich vorbereitet zu fühlen, obwohl alles immer anders kommen kann, egal, wie sehr man sich vorher informiert. Ich kam ins Krankenhaus, weil ich wenig Fruchtwasser hatte und fünf Tage über dem errechneten Termin war. Ich wurde eingeleitet, bekam eine PDA und hatte eine Saugglockengeburt mit einem Dammriss dritten Grades. Alles war sehr stressig, aber ich wurde gut betreut. In Deutschland streben Ärzte und Hebammen meistens eine spontane Geburt an. Wäre ich in meinem Heimatland gewesen, hätte ich sicherlich einen Kaiserschnitt gehabt. Ich habe gehört, dass Ärzte und Krankenschwestern unter der Geburt meist nicht sehr freundlich sind. Sie wollen schnell alles hinter sich bringen. Die Krankenhäuser sind überfüllt und es mangelt an Personal. Gebärende werden nicht zum Tönen oder Schreien ermutigt oder können nicht die gewünschte Geburtsposition einnehmen. Die meisten Entscheidungen trifft das medizinische Personal. Hier in Deutschland darf die Mutter über die Geburtsposition, Wassergeburt oder wie sie behandelt wird, entscheiden.

In meinem Land spielt die eigene Mutter oder Schwiegermutter eine wichtige Rolle im Wochenbett. Sie geben ihr Wissen und die eigenen Erfahrungen weiter. Die Familie zeigt einer frischgebackenen Mutter, wie sie mit ihrem Neugeborenen umgeht. Normalerweise zieht die Mutter ein paar Wochen nach der Geburt vom Haus ihrer Schwiegereltern ins Haus ihrer Eltern, um sich dort weiterhin auszuruhen. Manchmal sogar mehrere Monate lang. Mutter und Kind bekommen mindestens zwei Monate lang regelmäßige Massagen. Typischerweise wird warmes Senföl benutzt, das gegen Entzündungen hilft. Wir geben einen Tropfen Senföl in das Ohr, den Bauchnabel und die Nase des Babys. Es soll die Ohren reinigen und Infektionen verhindern. Nach der Massage wird selbstgemachter Kajal auf das untere Augenlid aufgetragen, damit das Kind gesund bleibt. Ein schwarzer Punkt, der auf der Stirn mit Kajal gemalt wird, soll das Baby vor dem bösen Auge schützen. Warme Kompressen helfen bei verspannten Muskeln und sorgen dafür, dass das Kind starke Gelenke bekommt. Für die Massagen wird extra eine Frau engagiert, die viel Erfahrung in der Betreuung von Wöchnerinnen hat und gut den Unterleib massieren kann. Sie hilft der Mutter auch beim Waschen der Babywäsche.

Hier in Deutschland sollte ich mit meinem Neugeborenen an die frische Luft und in die Sonne, da es sehr gelb war. In meinem Land soll eine frischgebackene Mutter mit ihrem Baby drinnen bleiben, um es vor Kälte und Staub zu schützen. Die ersten zwei Monate genießen nepalesische Mütter die Sonne und ihre Massagen jeden Tag auf ihrem Balkon.

Nach der Geburt gibt es verschiedene Zeremonien in Nepal – zur Reinigung, zur Namensgebung und zum Abstillen beziehungsweise zur Entwöhnung. Jede Zeremonie hat ihre eigenen Rituale, alle Verwandten nehmen teil und es gibt viel Essen.

Eine vaginale Geburt gilt in Nepal als unrein. Daher wird ein paar Tage nach der Geburt ein Reinigungsritual durchgeführt. Je nach Wohnort kann der genaue Tag variieren. Bis zu diesem Ritual darf eine Mutter nicht in die Küche, aus dem Haus oder in den Tempel gehen. Es ist eine Zeit der Ruhe und des Rückzugs für Mutter und Kind. Zur Zeremonie gehört ein Hausputz, ein Bad für Mutter und Kind, ein Bad für die ganze Familie und Verwandtschaft und dass man einen Namen für das Kind aussucht. Ein Priester spricht rituelle Gebete, die Puja genannt werden, und liest ein geheimes Horoskop für das Baby.

Wenn das Baby älter wird und beginnt, feste Nahrung zu sich zu nehmen, wird ein großes Fest gefeiert. Da man glaubt, dass Mädchen schneller heranreifen, wird die Zeremonie zur Entwöhnung (Pasni) bei Mädchen mit fünf Monaten, bei Jungs mit sechs Monaten gefeiert. Bei diesem Fest werden dem Baby goldene Ohrringe, silberne Fußkettchen namens Kalli, silberne Armbändchen und Seidenstoffe geschenkt. Man glaubt, dass das Extragewicht an den Füßen des Kindes die Beine stark macht. Vor dem Abstillen bekommen die Kinder Ohrlöcher, Mädchen wie Jungs. Auch hier spricht der Priester wieder rituelle Gebete (Puja). Es gibt verschiedene Gerichte für Mutter und auch das Kind darf probieren. Die Zeremonie findet meist morgens statt, sodass danach alle Verwandten zum Festessen eingeladen sind. Jeder Gast gibt dem Baby ein kleines bisschen Reismilch, nur zum Probieren, außerdem noch Geschenke und Segenswünsche.

Die Entwöhnung hier in Deutschland zu feiern war eine ganz neue Erfahrung. Da unsere älteren Verwandten nicht dabei sein konnten, haben wir unserem Baby einfach nur Geschenke gegeben, haben ein einfaches Gebet gesprochen und ein paar Gerichte gekocht. Die Ohrlöcher zu stechen, war eine Herausforderung, denn in Deutschland macht man das erst ab dem sechsten Lebensjahr. Wir wollten die Ohrlöcher auch nicht selbst stechen und machen das deswegen später mal.

Da Bihan in Deutschland aufwächst, hoffe ich, dass er Dinge lernt, die er in Nepal nicht lernen würde. Hier wird Kindern zum Beispiel von Anbeginn gezeigt, dass sie sich für ihre Rechte einsetzen sollen. Ich finde außerdem, dass Kinder in Deutschland sehr selbstständig sind. Ihnen wird großer Spielraum gegeben, um eigene Entscheidungen zu treffen. Anders als in Nepal, wo man für die eigenen Lebensentscheidungen immer um die Erlaubnis der Eltern bitten muss. Da wir in meinem Heimatland in Großfamilien leben, reisen und machen wir alles Mögliche immer zusammen mit den anderen Familienmitgliedern. Später genießen wir nichts alleine. Wir suchen uns immer einen Freund oder Partner, aber hier in Deutschland habe ich gesehen, dass Menschen alleine reisen, Abenteuer erleben oder neue Dinge ausprobieren und es genießen.

Meine größte Herausforderung als Mutter in Deutschland ist, alles alleine zu meistern, auch wenn mein Mann mir immer hilft. Familienangehörige nach Deutschland einzuladen ist ein anstrengender Prozess, da man sie offiziell einladen muss, Flüge teuer sind und die Reise lang ist. Außerdem ist das Wetter hier kalt. Eine frischgebackene Mutter in einem fremden Land zu sein, wenn man dazu noch Geburtsverletzungen hat, ist sehr überfordernd für Mutter und Kind.

Dass ich in Deutschland bin und alle meine Verwandten in Nepal, ist gleichzeitig aber irgendwie auch das Beste, denn ich kann mich vollständig um das Baby kümmern und alle seine kleinen Entwicklungsschritte ohne irgendwelche Einmischungen erleben.

Zu guter Letzt möchte ich zwei Sprichwörter aus meiner Heimat teilen:

»Du wirst das Leben besser verstehen, wenn du Mutter bist.«

Und: »Der Himmel liegt zu den Füßen der Mütter.«

Nomah aus Nigeria

Ich bin im Norden Nigerias geboren und aufgewachsen. Aufgrund der vielen politischen und wirtschaftlichen Probleme in meiner Heimat, entschieden mein Mann und ich, nach Europa zu gehen. Zunächst lebten wir eine Zeit lang in Frankreich, bevor wir nach Deutschland kamen, wo schon meine Schwägerin lebte. Zu dem Zeitpunkt war ich im neunten Monat mit meiner ersten Tochter schwanger. Mittlerweile haben wir noch zwei Söhne bekommen. Meine Kinder sind heute zehn, acht und fünf Jahre alt.

Der größte Unterschied für werdende Mütter in Deutschland ist die Sicherstellung der medizinischen Versorgung. Eine durchschnittliche Familie in Nigeria kann sich keine gute Gesundheitsversorgung leisten. Und wer kein Geld hat, wird einfach nicht behandelt.

Ich habe eine Freundin, die Zwillinge erwartete, aber die umgerechnet fünfzig Euro Behandlungskosten für den Kaiserschnitt nicht aufbringen konnte. Obwohl sie bereits in den Wehen lag, wurde sie erst reingelassen und operiert, als wir für sie das Geld zusammengelegt und zum Krankenhaus gebracht hatten. Manchmal sieht das Krankenhauspersonal buchstäblich dabei zu, wie Menschen wegsterben. Leider betrifft das auch viele schwangere Frauen.

Würde ich noch in Nigeria leben, hätte ich meine Babys vermutlich zu Hause bekommen. Bei meiner ersten Tochter hatte ich schwerwiegende Komplikationen und einen Notkaiserschnitt. Ich bin mir sicher, dass mich das in Nigeria mein Leben gekostet hätte. Hier in Deutschland waren meine Schwangerschaften und Geburten deswegen viel sicherer.

Es gibt auch Unterschiede in den Traditionen. In Nigeria werden Neugeborene zwei Wochen lang mit heißem Wasser gebadet und auf eine besondere Art massiert. Oftmals verwendet man dafür Palmöl, das gegen Bauchweh hilft. Außerdem werden Babys kopfüber gehalten und durch die Luft gewirbelt. Das soll ihnen die Angst vor dem Leben nehmen. Normalerweise beherrschen aber nur die älteren Frauen diese besondere Technik.

Als meine Tochter geboren wurde, gab es weder Massagen noch heiße Bäder im Krankenhaus. Meine Hebamme hatte sie einfach nur kurz abgewaschen und mit einem Handtuch trocken gerubbelt. Ich war total enttäuscht, und fand, dass sie sich nicht richtig kümmerte und total lieblos war. Bei meinen beiden Söhnen entschied ich mich deswegen bewusst gegen eine Hebamme. Heute ist mir bewusst, dass das kulturelle Unterschiede sind – hier macht man das einfach nicht so.

Auch meinen Sohn durften wir im Krankenhaus nicht nach unserer Tradition baden und massieren. Dafür hat mein Mann das bei uns zu Hause nachgeholt. Er hat neun jüngere Geschwister und daher sehr viel Erfahrung im Umgang mit Babys. Darüber bin ich wirklich sehr glücklich, denn anders als in Nigeria üblich, hatte ich hier keine *omugwuo*. So nennen wir eine »Helferin«, die nach Hause kommt und die frischgebackene Mutter entlastet. Meistens handelt es sich dabei um die eigene Mutter oder Schwiegermutter, manchmal aber auch um jemanden, den man extra engagiert – wenn man sich das leisten kann. Hier in Deutschland war ich nach meinen Geburten auf mich allein gestellt. Immerhin konnte ich aber auf die Unterstützung meines Mannes zählen. In Nigeria ist das nicht selbstverständlich.

Bei uns werden Babys zwar nicht getauft, aber am achten Lebenstag feiern wir die Namensgebungszeremonie. Dabei wird das Neugeborene der Kirchengemeinde vorgestellt und ihm offiziell ein Name gegeben. Die Mutter gilt vierzig Tage lang nach der Geburt als unrein und darf deswegen nicht zur Kirche gehen. Während des Gottesdienstes kümmert sich also die Patentante um das Kind. Ist der Wochenfluss der Mutter versiegt, reinigt sie sich rituell und nimmt wieder ganz normal am Gemeindeleben teil.

In meiner Heimat Eltern zu sein, ist ganz anders als hier. In Nigeria verdienen Eltern oft nicht mal genug, um ihre Kinder zu ernähren. Oder sie arbeiten hart, werden dafür aber nicht bezahlt – mein Mann zum Beispiel bekam in sechs Monaten nur ein oder zwei Monatsgehälter ausgezahlt. Da Bildung in Nigeria nicht kostenfrei ist, können es sich viele Familien nicht leisten, ihre Kinder zur Schule zu schicken. Kinder, die nicht aus einer wohlhabenden Familie mit einflussreichen Verbindungen stammen, entfalten daher nicht ihr gesamtes Potenzial. Das ist so schade und macht mich sehr traurig. Mit dem Gehalt, das wir hier verdienen, versuchen wir unsere Familie in Nigeria so gut es geht zu unterstützen.

Hier in Deutschland können meine Kinder so aufwachsen, wie jedes Kind aufwachsen sollte. Sie gehen zur Schule, können sich frei bewegen und haben ein breites Angebot an Freizeitaktivitäten. Dafür danke ich Gott.

Gleichzeitig habe ich oft Angst, was meinen Kindern passieren kann, wenn ich nicht dabei bin, zum Beispiel in der Schule oder in der Kita. Einmal hatte ich vergessen, in der Kita Bescheid zu sagen, dass ich meinen Sohn früher abhole, weil wir einen Arzttermin hatten. Als ich unangemeldet dort auftauchte, saß mein Sohn nackt am offenen Fenster. Es war Oktober und er war total durchgefroren. Alle anderen Kinder saßen beim Essen. Als ich die Erzieherin wütend zur Rede stellte, war sie wie in Schock und konnte mir nicht antworten. Ich meldete den Vorfall beim Jugendamt. Die offizielle Begründung lautete später, dass mein Sohn sich zu langsam angezogen hatte und deswegen noch nicht beim Essen war. Aber das glaubte ich nicht, denn mein Sohn hatte ohne seine Anziehsachen am Fenster gesessen. Später fragte ich ihn auch, was da passiert war. Er antwortete, seine Erzieherin hätte gesagt, er solle da sitzen bleiben. Zwei Monate lang brachte ich es nicht übers Herz, meinen Sohn wieder dorthin zu bringen. Er ist das einzige Schwarze Kind in der Kita und die Erzieherin ist sonst sehr nett. Für mich ist das daher purer Rassismus. Diese Erzieherin habe ich nach diesem Vorfall nie wieder in der Kita gesehen.

Kleine rassistische Vorfälle gehören leider immer wieder zu unserem Alltag. Besonders schlimm sind die rassistischen Erfahrungen, die Langzeitfolgen für die Entwicklung meiner Kinder haben: Meine Tochter hat eine Sprachentwicklungsverzögerung und benötigte eine spezielle Therapie. Jahrelang wurde uns ein Therapieplatz bei uns in der Nähe ohne Begründung abgelehnt. Wir sollten uns in einem anderen Stadtteil um einen Platz bemühen. Dort wiederum sagte man uns, dass uns ein Platz in der Nähe unseres Wohnortes zustünde. Keiner konnte verstehen, warum wir weggeschickt worden waren. Eine nette Dame im Jugendamt setzte sich daraufhin sehr für uns ein. In meinem Beisein rief sie die Ärztin an und fragte, warum sie meine Tochter nicht behandeln würde. Widerwillig nahm sie uns dann doch auf. Nachdem wir fünf Jahre lang darum gekämpft hatten. Auch hier denke ich, dass Rassismus die Ursache ist.

Meine Tochter benötigt außerdem Physiotherapie. Einmal sollte ein Therapeut sie behandeln, der einem ihrer Lehrer unglaublich ähnlich sah. Als er ihr zu nahe kam, begann meine Tochter aus Leibeskräften zu brüllen. Als Mutter einer Tochter, die aufgrund ihrer Sprachentwicklungsstörung nicht sagen kann, was los ist, mache ich mir große Sorgen und bekomme schreckliche Panik. Ich kann nur beten, dass sie in der Vergangenheit nicht belästigt wurde. Aber wissen kann ich es nicht.

Das alles ist sehr schmerzhaft. Ich frage mich, was es psychologisch mit meinen Kindern macht, wenn sie immer wieder Opfer von solchen Vorfällen werden. Meine größte Angst und Herausforderung sind, dass meine Kinder misshandelt und traumatisiert werden. Man kann Menschen auch töten, ohne dass sie sterben. So etwas könnte ich mir nie verzeihen. Deswegen bin ich sehr vorsichtig geworden. Auch wenn ich meine Arbeitszeiten umorganisieren muss, hole ich meine Kinder immer selbst von der Schule ab und lasse sie nicht alleine nach Hause gehen. Zum Schutz meiner Kinder muss ich so streng sein. Manche Jobs, die mit den Bring- oder Holzeiten meiner Kinder kollidieren, nehme ich gar nicht erst an.

Das Gute ist aber, dass ich mir nicht mehr alles gefallen lasse. Da ich ja nicht jedes Mal die Schule oder Kita wechseln kann, wenn etwas passiert, hole ich mir Hilfe beim Jugendamt und wehre mich. Mittlerweile wissen auch die Lehrer, dass ich unbequem bin. Werden meine Kinder rassistisch beschimpft, melde ich das sofort. Denn meine Kinder sollen wissen, dass ich mich immer für sie einsetzen werde. Niemals sollen sie denken, dass sie weniger wert sind. Mit Gottes Hilfe versuche ich, ihnen das Leben besser zu machen.

Meine Kinder wachsen ganz anders auf als ich damals. Als Kind habe ich viel mit meinen Freunden draußen gespielt und kam einfach abends zurück, wo meine Mutter auf mich wartete. Wenn meine Kinder hier in Deutschland an die frische Luft wollen, muss ich sie immer begleiten, denn hier darf man Kinder nicht unbeaufsichtigt lassen. Das ist mir aber auch lieber so, weil es sicherer ist, wenn ich bei ihnen bin.

In meiner Kindheit war es üblich, dass sich mehrere Nachbarn eine Küche geteilt haben. Ich war oft dabei, wenn die älteren Frauen kochten und habe so selbst kochen gelernt. Mit sechzehn zog ich bereits von Zuhause aus und war selbstständiger als manche Erwachsene hier und heute. Kinder in Deutschland sind in dieser Hinsicht verwöhnt. Selbst das Zimmer aufzuräumen, ist schon zu viel für sie. Praktische Dinge, die sie wirklich im Leben brauchen, wie zum Beispiel kochen, lernen sie nicht von klein auf.

Kinder in Deutschland wissen, dass sie Rechte haben und diese einfordern können. In der Schule bringt man ihnen bei, nein zu sagen. Ich hingegen bin ganz anders aufgewachsen: Wenn ich als junges Mädchen von meinem Vater für etwas bestraft wurde, dann floss Blut. Damals hielt ich das für eine angemessene Art, ein Kind zu disziplinieren. Als ich hier in Deutschland selbst Mutter wurde, lernte ich, dass das eine Form von Kindesmisshandlung ist. So wollen mein Mann und ich unsere Kinder nicht behandeln. Seine eigene Prägung hinter sich zu lassen, kann aber ziemlich schwer sein. In unserer Familie bin ich diejenige, die die Kinder tendenziell hart bestraft. Glücklicherweise hat mein Mann in seiner Kindheit gelernt, Konflikte durch Gespräche zu lösen. Er hält mich davon ab, zu hart mit meinen Kindern zu sein.

Außerdem gilt in Nigeria: Je mehr Kinder du hast, desto wohlhabender bist du. Das ist natürlich widersprüchlich, denn Kinder bringen ja nicht gerade viel Geld ein. Ganz im Gegenteil – sie kosten Geld! Obwohl sich viele Menschen in Nigeria gar keine Familie leisten können, wird ihnen geraten, Nachwuchs zu bekommen. Das ist sehr gefährlich, denn diese Kinder haben dann zu wenig zu essen, können nicht zur Schule gehen und landen auf der Straße.

Ich möchte meinen Kindern ein Vorbild sein und mehr aus meinem Leben machen. Um bessere Chancen auf dem Arbeitsmarkt zu haben, habe ich vor Kurzem angefangen zu studieren. Meine Kinder sollen sehen: Wenn ich das schaffe, können sie es auch schaffen.

Zu guter Letzt möchte ich den besten Rat zum Thema Kindererziehung teilen, den ich je bekommen habe, und der im kompletten Widerspruch zu nigerianischen Überzeugungen steht:

»Man sollte nur so viele Kinder haben, wie man sich leisten kann.«

Mira aus Pakistan

Ich bin sechsunddreißig Jahre alt und komme ursprünglich aus Pakistan. Seit 2016 lebe ich mit meinem Ehemann in Berlin. Vor unserem Umzug haben wir vier Jahre lang in Kuala Lumpur in Malaysia gelebt, wo wir beide im Tech-Bereich gearbeitet haben. Dann fand ich in Berlin einen Job, der uns beide hergebracht hat. Ich arbeite in der Datenanalyse, zurzeit als Head im Analytics Department eines Tech-Unternehmens. 2019 habe ich meinen Sohn Ezra zur Welt gebracht.

Mutter in Deutschland zu werden ist auf jede erdenkliche Weise anders als in Pakistan. Pakistanis glauben, dass eine schwangere Frau möglichst nur ruhen und kaum laufen sollte, während Schwangere in Deutschland bis zum Ende der Schwangerschaft körperlich aktiv bleiben. Das macht auch Sinn. Als ich erfuhr, dass ich schwanger war, befand ich mich gerade bei meiner Familie in Pakistan. Alle sagten mir ständig, ich solle vorsichtig sein und wurden nervös, wenn ich etwas hochhob, Stufen hochging oder andere alltägliche Dinge tat, an die in Deutschland keiner einen Gedanken verschwenden würde. Als ich nach Deutschland zurückkam, fragte ich meine Frauenärztin als Erstes, ob ich weiterhin Fahrrad fahren könnte. Sie sagte: »Natürlich!« Als ich das meiner Mutter erzählte, war sie geschockt.

Ein Baby auf die Welt zu bringen ist in Pakistan auch anders. Typischerweise ist die Begleitung durch einen Partner im Kreißsaal nicht erlaubt. Das ist in Deutschland – und überall sonst – natürlich nicht der Fall. Auch das Gesundheitssystem ist anders. In Pakistan gibt es keine gute öffentliche Gesundheitsversorgung, was bedeutet, dass man für alle Kosten in der Schwangerschaft und bei der Geburt selbst aufkommen muss. Das ist ein riesiger Nachteil für die große Mehrheit der Bevölkerung, die deswegen zu Hause oder in öffentlichen Krankenhäusern mit schlechter Qualität ihre Kinder bekommt.

Was Traditionen und Bräuche anbelangt, würde ich sagen, glauben Pakistanis wirklich an das Sprichwort: »Es braucht ein Dorf, um ein Kind großzuziehen«. Die ersten vierzig Tage nach der Geburt bleibt die frischgebackene Mutter bei ihrer eigenen Mutter, um sich auszuruhen. Die Familie kümmert sich um Mutter und Kind. Ähnliche Bräuche in Deutschland sind mir nicht bekannt.

Was mir wirklich auffällt, ist, dass Deutsche ihre Kinder schon früh zu großer Selbstständigkeit erziehen, was ich wunderbar finde. In meinem Land werden Kinder als hilflose kleine Wesen betrachtet, sodass die Eltern alles für sie tun – auch sie füttern, wenn sie schon älter sind. Ich habe Vier- oder Fünfjährige gesehen, die von ihren Eltern gefüttert wurden. Als ich mit meinem fast zwanzig Monate alten Sohn meine Familie in Pakistan besuchte, waren alle überrascht, dass er alleine essen konnte. Hier ist das total normal.

Es war schwierig für mich, meine Familie nicht zur Unterstützung hier zu haben. Aber ich weiß nicht, wie sehr das mit dem Lockdown zu tun hatte. Ich hatte mich zu mehreren Rückbildungs- beziehungsweise Babykursen angemeldet, die ich aufgrund des Lockdowns nicht besuchen konnte. Wegen Covid konnten wir im gesamten ersten Lebensjahr meines Kindes weder meine Familie besuchen noch sie uns. Das war extrem herausfordernd.

Was ich hier überraschend und gut finde, ist, dass Kinder ermutigt werden, die Muttersprache der Eltern zu lernen. In Nordamerika und Großbritannien sollen Eltern mit ihren Kindern möglichst Englisch sprechen, auch wenn sie dies nicht fließend beherrschen. Aber in Deutschland sollen die Kinder die Muttersprache der Eltern lernen. Daher sprechen wir mit unserem Sohn Urdu und in der Kita lernt er Deutsch.

Für meinen Sohn wünsche ich mir, dass er sich unserer Traditionen bewusst wird und wichtige Feste wie *Eid* kennt, was man leicht verpassen kann, wenn man im Ausland lebt. Bevor unser Sohn geboren wurde, haben wir Eid – also das Fest des Fastenbrechens nach dem Fastenmonat Ramadan – nie richtig gefeiert. Aber nun versuchen wir, eine große Sache aus unseren nationalen und religiösen Feiertagen zu machen, damit er sich mit seinen Wurzeln verbunden fühlt. Natürlich ist uns auch die Sprache wichtig. Aber letztendlich ist es seine Entscheidung, ob er die Feste feiern oder die Sprache sprechen möchte.

Da mein Sohn in Deutschland aufwächst, hoffe ich, dass er Dinge lernt, die er in Pakistan nicht lernen würde. Zum Beispiel, dass Erfahrungen wertvoller sind als Geld und dass Geld, teure Klamotten oder große Autos zu haben, nichts ist, worauf man stolz sein sollte. Außerdem liebe ich es, dass in Deutschland – und besonders in Berlin – alle gleichbehandelt werden. Wenn du wen auf der Straße siehst, weißt du nie, ob es sich um einen Geschäftsführer einer großen Firma oder um jemanden handelt, der große Probleme hat – alle sind gleich. In meinem Land verändert Geld die Haltung. Die soziale Klasse ist sehr sichtbar und spielt eine große Rolle. Da mein Sohn hier aufwächst, hoffe ich, dass er diese toxischen Charakterzüge erst gar nicht kennenlernt.

Zu guter Letzt möchte ich ein Sprichwort teilen, das oft in meiner Heimat gesagt wird:

»Um ein Kind aufzuziehen, braucht es ein ganzes Dorf.« – Das tut es wirklich!

Eliana aus Peru

Meine Mutter ist Peruanerin, mein Vater Österreicher. Zu Hause haben wir immer die peruanische Kultur und Sprache beibehalten. Ich habe Kleinkindpädagogik studiert und auch in diesem Bereich gearbeitet. Mein peruanischer Ehemann und ich sind kurz nach der Hochzeit nach Deutschland ausgewandert. Unsere einzige Tochter bekamen wir, als ich vierzig und mein Mann fünfundvierzig Jahre alt war. Sie heißt Anna und ist sechzehn Jahre alt.

Hier habe ich mich nie seltsam gefühlt, weil ich mit vierzig ein Kind bekommen habe. In Peru wäre ich eine sehr alte Mutter! Hier in Deutschland nicht. Das Problem war, dass ich hier niemanden aus meiner Familie hatte, der mich unterstützte. Die Sprache zu lernen war so schwierig, aber ich habe es geschafft. Als Anna geboren wurde, war es toll, eine spanischsprachige Hebamme zu haben. Sie hat uns begleitet, uns Dinge beigebracht, sich mit uns gefreut und war sehr geduldig.

Ich bin glücklich darüber, dass meine Tochter in einem Land der sogenannten ersten Welt geboren wurde und lebt, dass sie Zugang zu Bildung hat, reisen kann, sich durch Fleiß immer wieder verbessern kann. Die Bildung hier ist gut und kostenfrei. Mein Mann und ich arbeiten Vollzeit und ich habe keine Sorge, meine Tochter allein zu Hause zu lassen. Seit der zweiten Klasse geht sie alleine zur Schule. In dieser Gesellschaft hat sie gelernt Verantwortung zu tragen und selbst Entscheidungen zu treffen. Hier können wir viele Dinge gemeinsam unternehmen, unseren Hobbys nachgehen, Urlaub machen, Musik, Sport. Anna spielt zum Beispiel Geige, joggt und spricht mehrere Sprachen. Das Bildungssystem bietet ihr alle Möglichkeiten, ihre Persönlichkeit weiterzuentwickeln. In Peru hätten wir uns das nie leisten können.

Wie die Kinder hier erzogen werden, ist ganz anders als in meinem Land. In Peru haben die Babys feste Zeiten zum Schlafen und zum Essen. Mit einem Jahr wird ihnen beigebracht, keine Windel mehr zu tragen. Kinder lernen Regeln: Erwachsene zu respektieren, um Erlaubnis zu bitten, danke zu sagen, aufzuräumen. Ich arbeite als Tagesmutter und so eine Erziehung habe ich bei keinem Kind, das ich betreue, erlebt. Als Tagesmutter sind mir überraschende Dinge aufgefallen: Eltern fragen zweijährige Kinder um Erlaubnis, wenn sie beim Abholen nach Hause gehen wollen – »Fritz, möchtest du nach Hause gehen? Oh, noch nicht? Dann bleiben wir noch ein bisschen.« –, manche Kinder tragen mit fast vier Jahren noch eine Windel, Eltern und Kinder schlafen im gleichen Bett – oder schlafen die ganze Nacht gar nicht –, Kinder fragen, ob sie Fotos in sozialen Netzwerken hochladen dürfen, Eltern erlauben, dass Fünfzehnjährige bei ihrem Freund oder Freundin übernachten.

An viele Dinge muss man sich erst gewöhnen, wenn man aus einem anderen Land kommt. Einer anderen Mutter, die aus Peru nach Deutschland kommen würde, würde ich keinen Rat geben, sondern ihre Freundin werden, sie bei der Hand nehmen, und auf ihrem Weg der bikulturellen Mutterschaft begleiten. Denn jeder Schritt ist anders, voller Erfahrungen und Fragen.

Zu guter Letzt möchte ich den besten Rat zum Thema Kindererziehung teilen, den ich je bekommen habe:

Jesus sagt: »Lasst die Kinder zu mir kommen; hindert sie nicht daran!« Der Glaube an Gott formt den Charakter und gibt uns Hoffnung. Wenn wir einem Kind diesen Weg des Glaubens zeigen, ist es das schönste Geschenk, das wir ihm machen können.

Vera aus Rumänien

Ich komme aus dem Osten Rumäniens, wo ich in einer Kleinstadt nahe der Grenze zu Moldawien geboren wurde und aufgewachsen bin. Ich bin Geografin und Lehrerin und habe in der Schweiz studiert und in Frankreich gearbeitet. Außerdem habe ich in Schweden eine berufliche Auszeit genommen. Während meines Studiums habe ich die Liebe meines Lebens getroffen, einen Geografen mit norddeutschem Ursprung. 2014 haben wir entschieden, nach Berlin zu ziehen und eine Familie zu gründen. 2020 wurde unsere Tochter geboren, kurz vor dem ersten Lockdown der Corona-Pandemie. Ich werde Muttersein wohl niemals von der Isolation während der Pandemie trennen können. Aber um ehrlich zu sein, war mit dem Baby drinnen zu bleiben, ohne die typische Berliner Angst, etwas zu verpassen, auch sehr gut für mich und meine Familie. Gerade erwarten wir unser zweites Kind.

Als junger, gesunder Mensch habe ich selten die Angebote in Anspruch genommen, die durch die deutsche Krankenversicherung abgedeckt sind, die ich ja über mein Gehalt bezahle. Als ich schwanger war, habe ich diese Angebote total ausgekostet und sehr gern genutzt. Nachdem ich jahrelang in die Kasse eingezahlt hatte, fühlte es sich nun an, dass es sich echt gelohnt hatte. Ich habe Schwangerenkurse wie Aqua-Fitness und Yoga gemacht und mit meinem Mann einen Erste-Hilfe-Kurs für Neugeborene belegt, war beim Osteopathen und habe medizinische Hilfsmittel bekommen, die mir während der Schwangerschaft geholfen haben. Und ich hatte natürlich Unterstützung durch meine Hebamme. Mir ist bewusst, dass ich so einen hohen Standard in Rumänien nicht gehabt hätte.

In Rumänien wirst du als Mutter eines Mädchens sehr gut von den Hebammen auf der Wochenbettstation behandelt. Es gibt eine weitverbreitete Tradition, Mädchen am ersten oder zweiten Lebenstag Ohrlöcher zu stechen. Die Hebamme, die das tut, erhält ein großzügiges Trinkgeld von der frischgebackenen Mutter. Deswegen sind Mütter von Jungen nicht so interessant für die Hebammen. Sie und sogar ihre Babys werden ganz schön von den Hebammen und Krankenschwestern vernachlässigt. Alle meine Freundinnen, die das erlebt haben, haben sich echt schlecht gefühlt. Ihre Bettwäsche wird zum Beispiel nicht gewechselt, wohingegen Müttern von Mädchen Kaffee ans Bett gebracht wird und sie generell ganz viel Aufmerksamkeit bekommen.

Eine weitere Tradition ist die Taufe. Unabhängig davon, ob die Eltern religiös sind oder nicht, wird erwartet, dass du dein Neugeborenes in der Kirche taufen lässt. Der orthodoxen Tradition nach, darf die Mutter erst nach vierzig oder zweiundvierzig Tagen nach der Geburt, wenn sie wieder »rein« ist, eine Kirche betreten. Daher findet die Kindstaufe erst danach statt. An einer sogenannten »Nottaufe«, wenn das Baby sehr krank ist, würde die Mutter demnach nicht teilnehmen dürfen.

In Rumänien und generell in osteuropäischen Ländern ist der Druck, Mutter zu werden, viel größer als in Deutschland. Wenn du erstmal ein Kind hast, werden Dutzende Tanten und ältere Familienmitglieder versuchen, dir beizubringen, wie man Kinder in der guten alten Zeit aufgezogen hat. Jeder Besuch mit meinem Baby auf dem Land mündete in einer langen Liste von ungebetenen Erziehungstipps voller Aberglaube. Vieles davon hat seinen Ursprung in der orthodoxen Religion, zum Beispiel: Ein Neugeborenes darf die ersten vierzig Tage nicht das Haus verlassen, bis es den Segen von einem Priester empfangen hat; ein Baby, das an einem Sonn- oder Feiertag gebadet wird, hört auf zu wachsen; eine Mutter sollte niemals die Füße ihres Babys küssen, sonst wird es nie auf sie hören; ein Baby sollte immer ein rotes Armband oder etwas anderes Rotes tragen, um den bösen

Blick abzuwenden; die Patentante muss die erste Person sein, die dem Baby die Haare oder die Fingernägel schneidet, sonst wird es mal ein Dieb. Und mein Lieblingsratschlag: Stecke einem Baby, das du zum ersten Mal siehst, immer Geld in die Windel – das bringt Glück. Der schrecklichste Tipp, den ich bisher bekommen habe, ist, dass ich nach dem Baden an den Armen und Beinen des Babys ziehen soll, damit es schneller wächst. Auch typisch ist: Lass dein Baby schreien, das stärkt die Lungen. Die meisten Ratschläge habe ich zum Thema Stillen und Schlafen bekommen. Ständig hatte ich das Gefühl, ich mache alles falsch. In Deutschland geben mir ähnliche Ratschläge am Ende eher das Gefühl, dass es Vorschläge sind und du selbst entscheidest, was zu dir und deinem Baby passt.

Ich möchte meinem Kind um jeden Preis meine Muttersprache beibringen. Zurzeit sammle ich alte Bücher mit rumänischen Geschichten oder Märchen. Die Illustrationen spiegeln gut die rumänische Kultur wider und zeigen traditionelle Kleidung, Landschaften, regionale Tänze und andere Bilder.

Zu Hause in Berlin kochen wir regelmäßig rumänisches Essen, sodass mein Kind oft saure Suppen, Gerichte mit Polenta oder verschiedene Käsesorten isst. Wenn wir meine Heimat besuchen, fahren wir oft aufs Land oder in die Berge, wo wir traditionelle Feste mit typischem Essen genießen.

Dadurch, dass unser Kind in Deutschland aufwächst, hoffen wir, dass es Dinge lernt, die es in Rumänien nicht lernen würde. So beeinflusst zum Beispiel hoffentlich unser Lebensstil unsere Kinder positiv. Wir wohnen zum Beispiel mit anderen Menschen in einem gemeinschaftlichen Wohnprojekt, in dem Teilhabe und Fürsorge wichtige Werte sind. Für meine Familie in Rumänien ist das sehr schwer zu verstehen. Dort hat ein eigenes Haus höchste Priorität für junge Familien.

Wir hoffen, dass unsere Kinder ein besseres Verständnis vom Prinzip der Sharing Economy, von Nachhaltigkeit und von Toleranz haben werden, die in einer Transitionswirtschaft wie Rumänien zwar definiert, aber nicht im alltäglichen Leben gelebt werden.

Mutter in Deutschland zu sein, hat mich beruflich verändert. Während meiner Elternzeit konnte ich mich selbstständig machen und meine eigenen Projekte entwickeln. Ich habe eine NGO gegründet, die in Berlin Workshops und Projekte auf Rumänisch für Kinder und Eltern anbietet. Da ich sie durch öffentliche EU-Fördermittel finanziere, sind die Angebote für die Familien kostenfrei. Unser größtes Ziel ist es, eine Grundschule zu eröffnen, in der Rumänisch Teil des Lehrplans ist. In Rumänien hätte ich diese Möglichkeit nicht gehabt, da dort der Druck herrscht, sich ganz der Familie und dem Haushalt zu widmen.

Zu guter Letzt möchte ich etwas Überraschendes über Kindererziehung in Deutschland teilen:

Viele Paare richten ihre Familienplanung nach dem Schuljahr aus. In Berlin werden zum Beispiel viele Kinder im Sommer geboren, damit sie genau, wenn sie ein Jahr alt werden und die zwölf Monate Elternzeit vorbei sind, mit der Kita starten können.

Song-Empfehlung: »Ruga pentru părinți« ist ein rumänisches Volkslied aus den Achtzigerjahren, das vom harten Leben der rumänischen Eltern handelt. Eltern werden meistens als alt, überarbeitet, ausgemergelt und krank dargestellt, weil sie ihr ganzes Leben lang ohne Unterlass gearbeitet haben. Das Lied ist sehr berührend und wunderschön, dennoch versuche ich, mich von solchen negativen Darstellungen voller Mitleid fernzuhalten.

Tali aus Russland

Meine Eltern sind schon immer viel gereist. Seit zwanzig Jahren haben sie eine Fernbeziehung und leben zweitausend Kilometer voneinander entfernt. Sie besuchen sich, wann sie Lust haben. Irgendwie haben sie es geschafft, fünf Kinder großzuziehen. Ich bin die älteste Tochter. Als ich noch klein war, sind wir viel durch Russland gereist. Als Erwachsene habe ich mit dem Reisen weitergemacht und habe in Irland, Spanien und in der Ukraine gelebt. In Russland habe ich Marketing studiert und ein paar Jahre gearbeitet, bevor ich nach Deutschland umgezogen war. Hier habe ich einen Master in Englisch und Postcolonial Studies absolviert.

Als ich noch in Russland war, kurz vor dem Abschluss, habe ich rausgefunden, dass ich schwanger war. Ich wusste schon, dass ich noch viel von der Welt sehen wollte, aber ich habe auch verstanden, dass ich mit Kind nur reisen konnte, solange es noch klein war. Als meine Tochter Dino zweieinhalb war, sind wir nach Deutschland gezogen. Ich habe mein Masterstudium abgeschlossen und dann angefangen in der Werbebranche zu arbeiten – ein Job, den ich richtig liebe. Dino ist jetzt fast elf Jahre alt.

Mutter in Russland zu werden ist anders als in Deutschland. Dort ist es üblich, vor dem fünfundzwanzigsten Geburtstag das erste Kind zu bekommen. Das ist in Deutschland ganz anders, wo diese Phase erst viel später anfängt.

Eine gute russische Mutter ist eine richtige *Tiger Mom*. Sie bringt ihren Kindern zwei Fremdsprachen bei, am besten schon vor der Geburt. Idealerweise sieht sie wie ein Model aus und hat einen tollen Job. Aber auch nicht zu toll, also keine Top-

Management-Position, weil dann ist sie »zu aggressiv« und sie »muss« natürlich »ein nettes Mädchen bleiben«.

In Russland werden Kinder manchmal ziemlich autoritär erzogen. Ich dachte, das liegt daran, dass Russland ein eher traditionelles Land ist. Aber auch in verschiedenen deutschen Städten habe ich gesehen, dass es ganz oft nach dem Prinzip funktioniert: »Du machst was ich sage, ohne was zu fragen. Punkt.«

Wenn russische Kinder mit der Schule anfangen, sollen sie meist schon lesen, schreiben und zählen können. Öfter brauchen die Kinder Nachhilfe ab der dritten Klasse. Meiner Meinung nach ist das übertrieben und ich verstehe auch nicht, was dann der Sinne von Schule ist. Auf der anderen Seite gibt es in Russland keine Schulpflicht und man darf die Kinder zu Hause unterrichten, solange sie am Ende ihre Tests bestehen. In manchen Fällen finde ich das sehr praktisch.

Als ich nach Deutschland kam, war die Anfangszeit ganz schön herausfordernd. Ich erinnere mich an eine Frau, die meiner Tochter kurz nach dem Umzug bei der Kita-Eingewöhnung geholfen hat. Sie arbeitete für eine katholische Organisation und war sehr überrascht, dass ich nicht verheiratet war und auch keinen Plan für die nächsten fünf Jahre hatte. In Ostdeutschland sind mir solche Ansichten nicht begegnet, aber im eher religiös geprägten Westen fühlte ich mich immer unter Druck. Der Umgang – »Ach, die Ärmste, sie hat ja gar keine Unterstützung und ist alleinerziehend. Sie kommt ganz sicher nicht alleine zurecht und hat überhaupt keinen Plan.« –, das nervt einfach. Was ich mir gewünscht hätte, wäre: »Du kriegst das unbedingt hin. Du brauchst nur ein bisschen Zeit, um deinen Weg zu finden.«

Für meine Tochter wünsche ich mir, dass sie gut auf Russisch lesen kann. An diesem Punkt ist sie noch nicht, aber sie spricht fließend, deswegen mache ich mir da keine Sorgen.

Ich möchte, dass sie vor nichts Angst hat und dass sie durch ganz Russland reisen wird und sagen kann: »Das kann ich!« Ich möchte, dass sie lernt, dass Veränderungen nicht schlecht oder angsteinflößend sind. In Russland verändert sich ständig alles – Gutes, Schlechtes, Verrücktes. Das ist einfach nur ein Zeichen, dass die Welt sich weiterentwickelt.

Zu guter Letzt möchte ich ein Sprichwort aus meiner Heimat teilen:

»У семи нянек дитя без глазу«
»Sieben Kinderfrauen haben ein Kind ohne Auge« Es bedeutet »Viele Köche verderben den Brei«, auf Kindererziehung bezogen heißt das, dass zu viele Menschen mit zu vielen Meinungen über die richtige Erziehung ganz schön viel falsch machen können.

Song-Empfehlung: Die Titelmelodie des Filmes »Moskau glaubt den Tränen nicht«. Darin singt eine Mutter ihrer Tochter, dass das Leben manchmal kompliziert ist. Sie sagt, Moskau wurde nicht an einem Tag gebaut und manchmal braucht man etwas Zeit, um etwas einzuordnen zu können, aber es ist nicht schlimm. Und am Ende wird alles gut.

Anmerkung a. d. Lektorat: Talis Beitrag wurde vor Russlands Angriffskrieg auf die Ukraine geschrieben.

Anja aus Slowenien

Geboren und aufgewachsen bin ich in Ljubljana, der Hauptstadt von Slowenien. Bevor ich vor sechs Jahren nach Berlin kam, habe ich vier Monate in Barcelona gelebt. Ich bin Psychotherapeutin und habe zwei Studienabschlüsse – einen in Sozialwissenschaften und einen in Therapie. Seitdem ich fünfzehn war, wollte ich im Ausland leben. Leider hatte ich kein Geld für einen Schüleraustausch – das war wirklich schrecklich für mich. Ich wusste, ich würde eines Tages im Ausland leben, ich wusste nur nicht, wie ich dahin kommen konnte. Glücklicherweise traf ich meinen heutigen Ehemann, der auch gerne im Ausland leben wollte und der durch seinen Job leicht woanders hinziehen kann. In meinen Semesterferien haben wir einen Testlauf gemacht und entschieden gemeinsam, für vier Monate nach Barcelona zu gehen, wo er ein Projekt hatte. Nach dieser Zeit waren wir uns sicher, dass wir länger im Ausland leben wollten. Ich beendete zunächst mein Studium. In Slowenien ging es uns ziemlich gut, aber dann sagten wir uns: »Jetzt oder nie.« Und mein Mann suchte europaweit nach einem Job, bis er ein Angebot aus Berlin bekam und wir dorthin zogen.

Ich war vorher noch nie in Berlin gewesen und – ganz ehrlich – ich war zuerst nicht sehr happy. Als ich ankam, war ich schockiert, wie hässlich und schmutzig diese Stadt ist. Den ersten Abend habe ich nur geweint. Ich konnte absolut nicht verstehen, warum so viele Menschen Berlin so unglaublich toll fanden. Berlin und ich waren einfach nicht auf der gleichen Wellenlänge. Heute haben wir eine vierjährige Tochter namens Ema, die in Berlin geboren wurde.

Mutter in Deutschland zu sein, ist anders als in Slowenien. Zum Beispiel ist das Bildungssystem in Slowenien definitiv besser. Wir sind viel naturverbundener, die Kinder sind mehr an der frischen Luft. In den Schulen gibt es weniger Mobbing. Anders als in Berlin laufen in Slowenien fast alle Kinder alleine zur Schule. Was mir hier besser gefällt: Die Eltern sind in ihrer Erziehung lockerer und die Kinder teilen mehr. Wenn ich zum Spielplatz gehe, lasse ich alle Spielsachen liegen, damit auch die anderen Kinder damit spielen können. Das ist in Slowenien überhaupt nicht üblich.

Im Vergleich zu anderen deutschen Eltern passe ich viel mehr auf meine Tochter auf, bin auf dem Spielplatz direkt neben ihr, helfe ihr mehr oder möchte sie immer in Sichtweite haben. So bin ich es einfach aus meiner eigenen Kindheit gewohnt. Wenn wir nach Slowenien fahren, sind wir dort viel zu entspannt für deren Geschmack. Aber das liegt vielleicht auch an meinem Beruf, denn ich nehme mir immer Zeit, meinem schreienden Kind seine Gefühle zu erklären, es durch ein Gespräch zu beruhigen und es frustriert sein zu lassen, wenn es eine bestimmte Grenze nicht mag.

Meine größte Herausforderung als Mutter in Deutschland ist, Freunde zu haben, die hierbleiben. Wir haben schon drei Familien »verloren«, weil sie weggezogen sind. Es ist so schade, wenn man so enge Freundschaften hat und sie dann umziehen. Ich weiß aber auch, dass wir eines Tages diese Familie sein werden, denn wir planen, nicht für immer in Berlin zu bleiben. Es gibt zu wenig Natur, es ist so schmutzig, es gibt mehr Drogen als in Slowenien, in Slowenien ist das Bildungssystem besser, es ist ruhiger und ein friedlicheres Land. Dafür ist Slowenien ein kleines Land, weswegen zum Beispiel Essen in Bioqualität schwieriger zu bekommen und auch die Auswahl nicht so groß ist. Auch Onlineangebote wie von Amazon, Rewe, Zalando und so weiter sind hier schneller und besser. Man bekommt nicht so viele Dinge in Slowenien, es gibt weniger Angebote, auch für Kinder. Was natürlich auch seine guten Seiten hat.

Aus meiner Kultur möchte ich meiner Tochter definitiv das Essen und die Sprache zeigen – Ema geht hier einmal die Woche in eine slowenische Kita und ich finde es toll, dass sie dort grammatikalisch korrektes Slowenisch lernt. Wir kaufen viele slowenische Bücher und singen Lieder. Für mich ist es seltsam, dass meine Tochter nicht so wie ich in der Schule slowenische Schriftsteller und Dichter kennenlernt. Ich muss mir immer wieder vor Augen halten, dass wir diejenigen sind, die ihr das beibringen müssen.

Seitdem ich Mutter bin, verurteile ich andere Eltern weniger. Einmal sah ich eine Mutter mit einem weinenden Baby durch die Gänge eines Drogeriemarktes laufen. Früher hätte ich gedacht: »Warum nimmt sie ihr Baby nicht in den Arm? Es weint doch!« Ich hatte keine Ahnung. Heute denke ich bei mir: »Du schaffst das!« Leider müssen wir manchmal eine Erfahrung selbst machen, bevor wir verstehen, was jemand anderes durchmacht. Eltern sein ist so eine Erfahrung.

Mir ist auch aufgefallen, dass über negative Erfahrungen des Elternseins und negative Empfindungen gegenüber Elternschaft nicht gesprochen wird – zum Beispiel »Es nervt mich so, dass mein Kind nicht schläft« oder »Ich empfinde keine Liebe für mein Kind«. Man sagt dann: »Ich liebe mein Kind, aber …« Die Leute mildern ihre Gefühle ab. Dass man keine Liebe für sein Kind empfindet, kann tatsächlich passieren. Ich kenne Eltern, bei denen das so ist. Oder Eltern, die ein Kind lieber haben als das andere. Aber darüber darf man nicht offen reden. Das nervt mich. Oder wenn eine Mutter eines Kleinkindes sagt, dass ihr alles zu viel ist, und die andere Mutter, deren Kind schon erwachsen und aus dem Haus ist, antwortet: »Genieße es! Eines Tages sind sie groß und ziehen aus und du wirst es vermissen.« Ich mag es nicht, dass es kein Verständnis für diese beiden Extreme gibt. Wenn dir etwas in deinem Leben fehlt oder dir etwas anderes zu viel ist, kann man das nun mal nicht genießen. Beide Mütter verdienen Verständnis. Jetzt gerade empfinden sie so, wie sie empfinden und das sollte okay sein.

Zu guter Letzt möchte ich noch etwas teilen:

Nach der Geburt meiner Tochter ist etwas Unerwartetes passiert: Ich habe mich in Berlin verliebt! Vielleicht habe ich die Stadt aus einer anderen Perspektive gesehen, weil meine Tochter hier geboren wurde. Aber nun kann ich sagen, dass ich eine gute Beziehung zu Berlin habe.

Ann aus Sri Lanka

Mein Vater verstarb früh und meine Mutter konnte sich nicht alleine um mich und meine Geschwister kümmern. Also gab sie mich als Kleinkind in ein Kloster, das von irischen Nonnen geleitet wurde. Ich war schon immer anders als die Menschen in meiner Heimat, hatte einen ganz anderen Charakter – wild, laut und freiheitsliebend. Meine Landsleute kamen mir vor wie Gefangene ihrer eigenen Kultur. Aber ich wollte weg und träumte von Europa. Denn die Nonnen im Kloster waren ganz anders, irgendwie freier. Für mich waren sie Vorbilder.

Mit siebzehn Jahren verließ ich das Kloster und absolvierte eine Ausbildung zur Maßschneiderin. Noch immer sehnte ich mich nach einem Leben im Ausland und fand schließlich eine Agentur, die mich nach Kuwait vermittelte, wo ich sieben Jahre lang arbeitete. Als ich wieder nach Sri Lanka zurückkehrte, befand ich mich in einem Alter, in dem man von mir erwartete, zu heiraten und Kinder zu bekommen. Der gesellschaftliche Druck war sehr hoch. Bereit fühlte ich mich überhaupt gar nicht. Aber ich heiratete einen Mann und bekam meine Tochter. Rückblickend denke ich, dass ich die Welt noch gar nicht richtig kannte. Im Kloster zum Beispiel hatte ich eigentlich immer nur gute Menschen kennengelernt. Deswegen war es ein regelrechter Schock, als ich herausfand, dass mein Ehemann zum Zeitpunkt unserer Hochzeit bereits verheiratet war und ein Kind hatte. Ich sagte zu meiner Tochter: »Ab jetzt bin ich beides für dich – Mama und Papa.« Und dann reichte ich die Scheidung ein. Mein Ex-Mann war wütend und drohte, mich umzubringen. Aber ich ließ mich nicht einschüchtern und entschied, wieder zum Arbeiten ins Ausland zu gehen – dieses Mal nach Zypern. Meine Tochter ließ ich im Kloster bei den Nonnen, die ich anwies, dass niemand jemals mein Kind besuchen dürfe.

In Zypern lernte ich einen neuen Mann kennen, der in Deutschland lebte. Gleich am ersten Tag verkündete er, dass er mich heiraten wollte. Dann beging ich den zweiten Fehler in meinem Leben: Ich heiratete diesen Mann, der mir versprach, erst mich und dann mein Kind nach Deutschland zu holen. Eine Liebeshochzeit war das nicht. Aber ich war bereit, mein Leben für meine Tochter zu opfern, damit es ihr mal besser gehen würde als mir. Und tatsächlich: Als meine Tochter acht Jahre alt war, kam sie zu mir nach Deutschland. Aber die Ehe mit meinem zweiten Mann funktionierte auch nicht, wir hatten viele Probleme. Und so ließ ich mich ein weiteres Mal scheiden. Zu meiner Tochter sagte ich: »Wir werden in einer kleineren Wohnung leben, wir werden mit weniger Geld auskommen, aber Mama schafft das.« Hartz IV wollte ich auf gar keinen Fall. Die Lösung war: lernen! Meine Tochter und ich waren immer extrem fleißig. Ich lernte jeden Tag mehr Deutsch, machte meinen Führerschein und hatte unzählige Arbeitsstellen. Manchmal arbeitete ich von morgens um sechs bis abends um acht. Viel Zeit für meine Tochter blieb oft nicht. Auch viel Geld hatten wir nicht, aber es reichte zum Leben. Meine Tochter brachte super Noten nach Hause und machte später ein Einser-Abitur. Heute studiert sie Wirtschaftspsychologie. Für uns beide war Bildung der Schlüssel: Sie hat mir und meiner Tochter finanzielle Unabhängigkeit und ein sorgenfreieres Leben ermöglicht. Und auch privat habe ich mein Glück gefunden: Ich habe noch mal einen Mann kennengelernt, mit dem ich heute unglaublich glücklich bin.

In Deutschland Mutter zu sein ist anders als in meiner Heimat. Mütter in Sri Lanka können ihre Kinder nicht erziehen, wie sie möchten. Es gibt klar definierte, traditionelle Geschlechterrollen, die die Freiheit von Jungs und Mädchen einschränken. Mädchen sollen zum Beispiel nicht so knappe Kleidung tragen und mit Anfang zwanzig heiraten. Das finde ich total hinterwäldlerisch. Kinder sind abhängig von ihren Eltern, weil sie bis zur Hochzeit keine eigenen Entscheidungen treffen. Für alles fragen sie Mama und Papa. So kann ein Mensch weder wachsen noch lernen, sich eine eigene Meinung zu bilden. Hier in Deutschland ist das ganz anders: Ich bin frei, meine Tochter so zu erziehen, wie ich es möchte. Das Beste am Muttersein in Deutschland ist die Freiheit, denn sie passt zu meinem Charakter. Ich liebe meinen Charakter! Ich bin sehr selbstbewusst, stark und lasse mir von niemandem was sagen. Ich bin Ann und bleib original.

Meine Tochter ist mir da sehr ähnlich. Einmal ist sie nach Sri Lanka gereist, um eine Verbindung zu ihren Wurzeln zu spüren. Nach ihrer Rückkehr sagte sie zu mir: »Mich nach Deutschland zu bringen, war das Beste, was du tun konntest. Unser Charakter passt da einfach nicht hin.« Auch als ich klein war, sagte man mir immer: »Du bist im falschen Land geboren, Kind.«

Aus meiner Kultur möchte ich meinem Kind nichts vermitteln. Ich habe Respekt vor der Kultur, aber sie ist nichts für mich. Frauen sind dort Menschen zweiter Klasse. Männer tragen vielleicht westliche Kleidung, aber ihre Denkweise ist steinzeitlich. Für mich ist es unmöglich, dort einen Mann auf Augenhöhe zu finden. Selbst die Sprache spreche ich quasi nicht mehr. Auch nicht mit meiner Tochter. Denn seitdem sie hier zur Schule ging, wollte sie ausschließlich Deutsch sprechen.

Meine größte Herausforderung als Mutter hatte ich, als meine Tochter noch zur Schule ging. Einmal riet mir eine Lehrerin, meiner Tochter Medikamente gegen ADHS zu geben. Aber da habe ich mich strikt geweigert. Ich bin auch hyperaktiv, habe aber nie Tabletten genommen. Und mir hat das nicht geschadet. Jedes Kind ist anders, Eltern sind anders, Situationen sind anders. Ich wollte nicht, dass mein Kind ruhiggestellt wird, damit es besser ins System und später in den Arbeitsmarkt passt.

Als junges Mädchen wollte ich immer nach Europa, weil ich von Freiheit geträumt habe. Hier aber habe ich gelernt, dass es viele Einschränkungen gibt. Ich würde zum Beispiel gerne Maßschneiderei unterrichten und mein Wissen weitergeben. In Deutschland gibt es dafür aber viele Regeln. Auf meinem Youtube-Kanal hingegen kann ich vor allem Frauen in Sri Lanka ganz leicht ansprechen und ihnen zeigen, wie man nach internationalem Standard schneidert. So helfe ich ihnen, auf eigenen Beinen zu stehen und Armut zu bekämpfen. Mein Plan ist, vor Ort eine Schule zu eröffnen. Der Bedarf ist riesengroß – ich habe bereits über 1.700 Bewerbungen erhalten! Dieses Projekt in Sri Lanka umzusetzen, wird viel leichter sein als in Deutschland. Nun weiß ich, dass hier die Freiheit auf eine andere Art fehlt. Hätte ich diese Weisheit schon früher gehabt, hätte ich meine Heimat – vielleicht? – nicht verlassen.

Außerdem habe ich gelernt, dass Kinder in Deutschland keine Vorstellung von Armut in anderen Ländern haben. Mit materiellen Dingen werden sie verwöhnt. Glück wird mit Reichtum gleichgesetzt, aber oft fehlt die Menschlichkeit und der Sinn im Leben. Wir hingegen, die aus armen Ländern stammen, können mit dem, was wir haben, glücklich sein. Wir leben nicht für materielle Dinge und sind reich auf andere Art. Was uns hält, ist, dass wir uns gegenseitig haben – mein Mann, meine Tochter und ich.

Zu guter Letzt möchte ich noch etwas zum Thema Muttersein in Deutschland teilen:

Mütter in Deutschland stehen unter großem Druck. Wenn sie etwas gelernt haben, wird erwartet, dass sie Karriere machen. Aber egal, wo sie arbeiten, sie haben immer Stress. Sie sind gefangen in einem System, das aus ihnen nur Kundinnen und Konsumentinnen macht. Dabei ist es auch wichtig, genug Zeit für das Kind zu haben und es nicht zu vernachlässigen.

Mel aus Südafrika

Ich bin in Johannesburg geboren und nach der Schule nach London gezogen, um bessere Ausbildungschancen zu haben. Und so habe ich die Ausbildung zur Köchin in einem Fünf-Sterne-Hotel gemacht. Ein paar Jahre später bin ich mit meinem deutschen Partner zusammengezogen und wurde schwanger. Gemeinsam entschieden wir, nach Deutschland zu ziehen, da mein Partner dort Familie hat. Wir arbeiten beide als Köche und in Deutschland sind die Arbeitsbedingungen für uns besser. Heute haben wir zwei Kinder, die neun und sechs Jahre alt sind, und wir leben in einem kleinen Dorf.

Ich bin sehr froh, meine beiden Kinder in Deutschland bekommen zu haben. Denn als Risikopatientin hätte ich in Südafrika oder in London sicherlich einen Kaiserschnitt gehabt. Hier in Deutschland habe ich meine Kinder in einem kleinen Krankenhaus mit Ärzten der ganz alten Schule zur Welt gebracht. Beide kamen auf natürlichem Wege auf die Welt und darüber war ich sehr froh.

Meine Kinder habe ich nie in einem anderen Land großgezogen, aber ich selbst bin in Südafrika aufgewachsen. Meine Mutter arbeitete Vollzeit. Und wenn sie nicht arbeitete, war sie viel unterwegs. Daher habe ich viel Zeit mit meinem Opa und meinem Dienstmädchen verbracht. – Ein Dienstmädchen zu haben, bedeutete aber nicht, dass wir zur Oberschicht gehörten. Meine Mutter brauchte jemanden, der sich um ihr Baby kümmerte. Ein Dienstmädchen war da perfekt, weil sie das Haus sauber hielt, kochte und sich um mich kümmerte. Ich hatte das Glück ein Dienstmädchen zu haben, das auch Lehrerin war. Von ihr lernte ich viel über ihre eigenen Herausforderungen, und ich begann zu begreifen, was Apartheid bedeutet. Ohne sie wäre ich in einer Blase aufgewachsen.

Ich habe aber auch Erinnerungen daran, dass ich allein gelassen wurde und kein Essen hatte. Das Leben war schwieriger, ohne viel Geld. Hier in Deutschland ist mein Kühlschrank immer randvoll. Ich gebe viel zu viel Geld für Essen aus. Mir ist bewusst, dass das eine schlechte Angewohnheit ist, aber ich kann nichts dagegen tun. Ich möchte auf gar keinen Fall, dass meine Kinder das gleiche Gefühl haben wie ich damals. Meine Kinder bekommen alles, was sie wollen. Ihre Bäuche sind immer voll, ihre Schränke sind mit Kleidung gefüllt und wir fahren oft in den Urlaub. Heute bin ich, wer ich bin, weil ich meinen Kindern schöne Erinnerungen bereiten möchte, ich möchte, dass sie reisen und die Welt sehen und die Dinge tun, die ich als Kind nicht tun konnte.

Mutter in Deutschland zu sein hat mich geerdet, und auch hier auf dem Dorf zu wohnen. Hätte ich meine Kinder in Südafrika bekommen, wären sie mit drei Monaten in der Krippe gewesen und ich hätte direkt wieder als Köchin gearbeitet. Ich hätte viel Zeit zum Bonden verpasst. Ich habe jeweils zwei Jahre Elternzeit pro Kind genommen und eine Pause in meiner Karriere eingelegt. Erst kürzlich habe ich wieder angefangen zu arbeiten, aber nur vier Tage die Woche und in Teilzeit. So kann ich auch noch nach der Schule Zeit mit meinen Kindern verbringen.

Es gibt viel, das ich meinen Kindern über meine Heimat beibringen möchte. Ich lese viele Geschichtsbücher über Südafrika und über unsere Freiheitskämpfer. Meine Kinder kennen Nelson Mandela, Steve Biko und viele andere Menschen, die mich begeistern. Ich habe eine Landkarte von Afrika auf meinem Arm tätowiert, meine Kultur ist mir sehr bewusst. Mein Opa kommt aus Irland, das ist auch sehr besonders für mich.

Wenn meine Kinder groß sind, werde ich ihnen erzählen, wie herausfordernd ich die deutsche Kultur in den ersten Jahren fand. Die Deutschen können sehr konservativ sein. Für unsere Nachbarn war ich immer nur die Engländerin. Sie haben mir überhaupt nicht geglaubt, als ich ihnen sagte, dass ich aus Südafrika komme. Sie waren überrascht, dass ich weiß bin. Ich versuche, mich über ihre Naivität nicht aufzuregen. Früher bin ich in solchen Situationen immer sarkastisch geworden und habe geantwortet: »Ja, und in meinem Garten halte ich Löwen.« Aber es ist auch nicht ihre Schuld, dass sie wenig über Südafrika wissen und auch nicht viel Englisch sprechen. Also bleibe ich positiv und wenn sie etwas lernen möchten, erkläre ich es gerne.

Zu guter Letzt möchte ich einen typischen Rat an Eltern in meinem Heimatland teilen:

Immer wenn ich supermüde von meinen streitenden Kindern bin, sagt meine Oma, dass das nicht für immer andauern wird und dass die Kinder bald erwachsen sind und ausgezogen sein werden. Ich sollte diese besonderen Tage mit ihnen zu Hause genießen und sie annehmen.

Emma aus Südkorea und den USA

Mit siebzehn Jahren zog ich von Südkorea in die USA, habe dort Buchhaltung am College studiert und anschließend in einer Firma in diesem Bereich gearbeitet. Im Mai 2020 bin ich mit meinem Mann und meinen beiden Kindern Han, sieben Jahre alt, und HaJin, vier Jahre alt, nach Deutschland gezogen. Auch wenn ich in Südkorea geboren und aufgewachsen bin, sehe ich die USA ebenfalls als Teil meiner Heimat an, weil ich dort länger gelebt habe. Trotzdem hatte ich in den USA viel Kontakt zu anderen asiatisch-amerikanischen Müttern. Ich denke, meine Ansichten sind ein wenig anders als die von typisch amerikanischen Müttern.

Asiatische Kinder, die in die USA immigriert sind, stehen unter einem sehr hohen Druck, gut in der Schule zu sein. Das zeigt sich auch darin, dass die ideale asiatisch-amerikanische Mutter besonderen Wert auf den schulischen Erfolg ihrer Kinder legt. Koreanische Kinder werden von klein auf sehr auf Leistung getrimmt. Normalerweise haben sie keine Zeit, um viele Stunden auf dem Spielplatz zu verbringen. Auch wenn es für mich überraschend war, dass deutsche Eltern auch sehr an der Hochschulbildung ihrer Kinder interessiert sind, haben Kinder hierzulande viel mehr Freiheiten als amerikanische oder koreanische Kinder. Das ist das Beste für mich am Muttersein in Deutschland. In den USA ist es zum Beispiel fast unmöglich, dass ein Kind einen Freund besucht – außer es wird von den Eltern mit dem Auto hingefahren oder es wohnt wirklich nur ein paar Häuser weiter.

Einer der größten Unterschiede zwischen den USA und Deutschland ist die Bildung zum Thema Rassismus. Aufgrund seiner historischen Vergangenheit hatte ich ehrlich gesagt gedacht, dass in Deutschland offener und konventioneller über das Thema Rassismus aufgeklärt wird. Das Gegenteil scheint der Fall zu sein. Das deutsche Bildungssystem konzentriert sich auf das bloße Wissen über Rassismus, geht aber nicht weiter darüber hinaus. In den USA legt man eher Wert darauf, den Kindern Empathie zu vermitteln und ihnen ganz praktisch zu zeigen, wie man gegen Rassismus vorgehen kann. Langsam glaube ich, dass die Schule eine der rassistischsten Organisationen in Deutschland ist. Wissen, was Rassismus ist und wissen, wie man Rassismus bekämpft, sind zwei völlig verschiedene Ansätze. Antisemitismus wird in deutschen Schulen sehr ernst genommen. Vorurteile, Feindseligkeit oder Diskriminierung gegen Asiaten und People of Color hingegen nicht. Dabei ist das doch genau das gleiche!

Meine Kinder sind deutsche Staatsbürger qua Geburt und sie werden hier wie Fremde behandelt. Die Lehrer meiner Kinder sagten mir, ich müsse lernen, diskriminierende Bemerkungen von anderen Kindern einfach zu ignorieren. Die deutsche Schule möchte nicht sehen, dass es Rassismus in ihrer Bildung gibt. Mein Sohn wird bald auf eine neue Schule wechseln. Ich hoffe, ich sehe den Unterschied in der Schulkultur.

Anderen Müttern und Vätern rate ich: Wenn du und deine Kinder People of Color seid, nimm es nicht einfach so hin, wenn ihr einen rassistischen Kommentar hört. Stehe zu deinen Kindern und sprich deine Meinung laut aus.

Was meine Kultur betrifft, möchte ich, dass meine Kinder Koreanisch können und den koreanischen Sinn für Gemeinschaft kennenlernen. Da wir in einer westlichen Kultur leben, in der Individualität im Vordergrund steht, habe ich mich mehr in der Gemeinschaft wohlgefühlt, in der ich aufgewachsen bin. Auf Koreanisch gibt es ein Wort, das diesen Gemeinschaftssinn beschreibt: *gong dong chae*. Ich erinnere mich noch, als ich klein war, ging es der koreanischen Wirtschaft so schlecht, dass der Internationale Währungsfonds einschreiten musste. Als dies passierte, spendeten die koreanischen Bürgerinnen und Bürger ihr Gold, damit ihr

Land schnell wieder finanziell auf die Beine kommen würde. Ich kann mir nicht vorstellen, dass US-Amerikaner oder Deutsche so etwas tun würden. Nicht, weil sie ihr Land nicht lieben, aber weil der Individualismus ihre Kultur stark prägt und so ein Verhalten demnach unverständlich ist.

Neben dem Gemeinschaftssinn feiern wir auch die koreanischen Geburtstagstraditionen bei uns zu Hause. Wir essen Meeresalgensuppe, weil Mütter diese Suppe auch nach der Geburt zu sich nehmen, um ihre Nährstoffspeicher wieder aufzufüllen, zum Beispiel mit Eisen.

Meine Kinder haben außerdem koreanische Vornamen, damit es sie daran erinnert, dass die koreanische Kultur ein Teil von ihnen ist. Ich schaue auch koreanische Fernsehsendungen, wenn die Kinder dabei sind. Und ich lese ihnen koreanische Bücher vor. Hoffentlich fühlen sich meine Kinder eines Tages genauso wohl in der koreanischen Kultur, wie ich es tue.

Zu guter Letzt möchte ich zwei koreanische Sprichwörter teilen:

»부모 속엔 부처가 들었고 자식 속엔 앙칼이 들었다«
»BooMo SogEn BooChuhGa DulUtGo JaSik SogEn AhngKalEe DulUtda.«
Es bedeutet sinngemäß: Eltern sollten lernen, im Herzen ruhig wie Buddha zu sein, denn harte Worte ihrer Kinder können wie ein Messer verletzen. Buddha ist ein Symbol für Geduld und Verständnis und ich versuche mir das als Vorbild zu nehmen.

»사람은 화가나면 서로의 가슴이 멀어졌다고 느낀다. 그래서 그 거리만큼 소리를 지르는 것이다.«
»SahEamEun WhaGaNaMyeon SuhRoEu GaSumEE MolUhJeutDaGo NuGginDa. GuRaeSoh Geu GuhRiManKum SoRiLul JiRuNun GutEeDa.«

Es bedeutet sinngemäß: Menschen schreien sich an, wenn ihre Herzen zu weit voneinander entfernt sind. Eltern und Kinder sollen also ihre Herzen aufeinanderzubewegen. Dann müssen sie sich nicht anschreien.

Reem aus Syrien

Ich komme aus Aleppo in Syrien. Vor meiner Hochzeit habe ich an der Universität Psychologie studiert und als Managerin in einem Bekleidungsgeschäft gearbeitet. Später habe ich geheiratet und einen Sohn bekommen, Farouk. Im Jahr meiner Hochzeit begann der Putsch gegen das Regime – und kurz darauf das Leiden. Täglich hörten wir den Kugelhagel und den Einschlag von Granaten. Die Angst war unser ständiger Begleiter. Jeden Tag nahmen wir Abschied von unseren Lieben, die erschossen oder unter Trümmern begraben wurden. Im Krieg wurde unser Haus mehr als einmal schwer beschädigt – das war wirklich furchtbar. Wir kamen im Haus meiner Schwiegereltern unter, wo zeitweise fast dreißig Menschen unter einem Dach wohnten und Sicherheit suchten. Mein Mann fand keine Arbeit mehr, weil er zuvor in Kriegsgebieten gearbeitet hatte. Wir hatten also kein Geld für Essen, keinen Strom, kein Wasser, keine Sicherheit, kein Zuhause. Wir lebten in ständiger Angst, und ich habe viele Tote gesehen.

In dieser schlechten Zeit wurde ich völlig ungeplant mit meinem ersten Kind schwanger. Mein Sohn Farouk wurde in ein schwieriges Leben geboren. Ich begann mit meinem Mann zu streiten, denn ich brauchte Geld, um Milch und Windeln zu kaufen. Geld, das wir nicht hatten, denn wenn mein Mann einen Job fand, dann reichte das Gehalt kaum, um für uns Essen zu kaufen. Ich schlug meinem Mann vor, nach Europa zu gehen, aber zunächst lehnte er ab.

Als mein Sohn Farouk eineinhalb Jahre alt war, verkaufte mein Mann sein Gold und reiste in die Türkei. Dort wollte er sich ein neues Leben aufbauen und uns später nachholen. Aber das war nicht leicht. Und so zog er weiter nach Deutschland. Als er dort ankam und erfuhr, dass die Familienzusammenführung eineinhalb Jahre dauern kann, bat er mich, mit seiner Familie nachzukommen. Ich habe alles verkauft, was ich noch hatte, und habe mir zusätzlich Geld von Verwandten geliehen. Dann bin ich zusammen mit den Geschwistern meines Mannes und insgesamt sechs Kindern unter acht Jahren aufgebrochen.

Wir fanden einen Schmuggler, der uns mit dem Auto bis zur türkischen Grenze fahren würde. Von dort wären es angeblich nur noch eine Viertelstunde zu Fuß, bis wir einen Fahrer träfen, der uns nach Izmir bringen sollte. Der Weg aus Aleppo heraus war beängstigend. Überall gab es Checkpoints des Regimes, Checkpoints der Revolutionäre, die Al-Nusra-Front oder ISIS. Es fühlte sich so an, als würden unsere Füße direkt in den Tod gehen. Nach zehn Stunden erreichten wir die Grenze. Wir warteten die Nacht ab, um im Schutz der Dunkelheit in die Wälder der Türkei zu laufen. Aber der Schmuggler hatte gelogen. Es war keine Viertelstunde. Wir liefen acht Stunden zu Fuß, ohne Essen, ohne Trinken, ohne Licht. Die Kinder mussten absolut still sein, keiner durfte weinen. Wir hatten ihnen ein Medikament gegeben, das eigentlich ein Hustenstiller ist, aber auch müde macht. Nach drei Stunden Fußmarsch konnten wir nicht mehr. Jeder von uns Erwachsenen trug ein Kind auf den Schultern. Wir waren alle müde, erschöpft und sehr durstig. Ich konnte den Durst nicht mehr ertragen und fiel auf den Boden. Mein Herz pochte laut, mein Kreislauf wurde schwach. Nach vier Stunden laufen fand ich endlich eine Wasserstelle. Keine Ahnung, ob es Regenwasser oder etwas anderes war. Aber ich trank davon. Noch heute erinnere ich mich an den Geschmack nach Matsch. Es schmeckte wie alles außer Wasser, aber ich dankte Gott, dass er mich vor dem Dursttod gerettet hatte. Wir setzten den Weg fort, bis wir die türkische Grenze überquerten und in Sicherheit waren. Dort trafen wir den Fahrer, der uns zu einem kleinen Ort brachte, wo wir unsere Gesichter und Kleider wuschen. Von da ging es weiter nach Izmir, wo wir jemanden fanden, der uns für 1.250 Dollar pro Erwachsenem und 650 Dollar pro Kind auf dem Seeweg nach Griechenland bringen würde. Auf dem Weg zum Treffpunkt wurden wir von der türkischen Polizei aufgegriffen, die uns für 24 Stunden in ein Gefängnis brachte. Drei Tage später klappte es dann aber und wir bestiegen ein Schlauchboot voll mit anderen geflüchteten Kindern, Frauen und Männern. Wir baten Gott, dass es uns gut gehen würde. Unsere Herzen weinten, der Tod schien uns in diesem Moment zu umhüllen. Ich sagte mir: »Was habe ich getan? Warum riskiere ich das alles und mute es meinem Kind zu?« Ich begann, leise zu weinen. Dann flehte ich Gott an, mir eine Lebenschance zu geben. Ich wollte nicht als Futter für Fische enden. Drei Stunden später kamen wir in Griechenland an und hier begann der schöne Teil der Reise. In Griechenland waren die Menschen sehr sympathisch, gutherzig und sorgten für Nahrung, Verpflegung, Unterkunft und medizinische Behandlung. Es ging weiter durch Mazedonien, Serbien, Ungarn, Österreich, nach Deutschland. Nach einem Monat Reise und drei Monaten nach meinem Mann kam ich in Deutschland an. Wenn meine Kinder groß sind, möchte ich ihnen erzählen, wie wir unser Leben riskiert haben, um Sicherheit zu finden.

Als ich nach Deutschland kam, fühlte ich mich beruhigt und habe nun keine Angst mehr. Ich bin froh, dass meine Kinder in Frieden leben, fern von Mord und Terror. Hier habe ich noch zwei weitere Kinder bekommen, Jad und Elias. Farouk kam mitten im Krieg auf die Welt. Die Geburt war schwierig, denn es gab weder Wasser noch Strom. Das ist auch heute noch so. Wegen der Ausgangssperre arbeiteten nachts keine Ärzte in den Krankenhäusern. Normalerweise sind die Ärzte da. Aber im Krieg nicht. Deswegen war es ein Problem, wenn Frauen in der Nacht Wehen bekamen. Also hatte ich einen geplanten Kaiserschnitt am Tag. Nach der Geburt blieb ich einen Tag im Krankenhaus und am zweiten ging ich zu meiner Familie.

In Deutschland war es anders. Mir fielen Schwangerschaft

und Geburt sehr schwer, weil ich schon ein Kind hatte, auf das ich aufpassen musste. Als ich im achten Monat schwanger war, ging ich ins Krankenhaus, um mich für die Geburt anzumelden. Leider wurde bei der Untersuchung ein Problem mit der Plazenta festgestellt. Das Baby bekam keine Nahrung. Sie mussten mich sofort operieren. Und mein Baby blieb noch einen Monat im Brutkasten. Es war klein und wog nur 1.200 Gramm. Es folgte eine lange, anstrengende Behandlungszeit. Jetzt geht es meinem Sohn Jad gut. Zwei Monate nach Jads Geburt stellte ich überrascht fest, dass ich ein drittes Kind erwartete. Weil Jad zu früh auf die Welt gekommen war, kontrollierten mich die Ärzte stärker. Außerdem war ich bei einem Professor in Behandlung, um mich zu vergewissern, dass mit dem Fötus alles in Ordnung und er gesund ist. Aber als Elias geboren wurde, erlebten wir einen Schock: Er hatte zwei Löcher in seinem Herzen. Und einen Schlaganfall. Während der Schwangerschaft hatten die Ärzte immer gesagt, dass alles gut sei. Elias blieb nach der Geburt zwei Wochen lang in einem Inkubator und brauchte ärztliche Hilfe. Für mich war das sehr schwierig. Aber er war mein Sohn. Jedes Mal, wenn ich aus dem Krankenhaus ohne mein Baby nach Hause ging, war ich glücklich – ich konnte mir dieses Gefühl nicht erklären. Bei dem Schlaganfall wurde ein Teil von Elias' Gehirn beschädigt. Aber – Gott sei gelobt – war nach einigen Monaten alles wieder gut, Elias war auf dem Weg der Besserung und er trug keine Schäden davon. Mein größter Alptraum wurde an einem Samstag im September wahr. Nach dem Essen spielte ich mit meinen drei Kindern. Danach duschte ich sie in der Badewanne. Plötzlich wurde Elias ohnmächtig. Bei meinem Erste-Hilfe-Versuch begann er sich zu übergeben. Wir riefen einen Krankenwagen. Ich trug Elias in meinen Armen, drückte ihn an meine Brust und rief immer: »Bleib am Leben! Du schläfst nur! Wach wieder auf! Ich liebe dich!« Aber eine Stunde nachdem die Sanitäter kamen, ist Elias von uns gegangen. Nach seinem Tod stellten sich Polizei und Rechtsmedizin vor. Als Todesursache wurden ein Herzstillstand und Hirntod festgestellt. Ich habe Elias nach nur einem Jahr und zwei Monaten verloren. Sein Leben endete, bevor es überhaupt begann. Meine Liebe für ihn war nicht genug – der Tod war stärker und nahm mir meinen Sohn. Mit ihm ging auch mein Herz. Ich spürte nichts mehr – mein Sohn war vor meinen Augen verschwunden und ich hatte nichts für ihn tun können.

Mein Leben wurde schwarz. Ich fühlte mich so allein mit meiner Trauer und dem Verlust. Ich bat mein Herz, dass es aufhöre zu schlagen. Ich fühlte nichts mehr, war wie ein Roboter. Nach einer Weile entschied ich, dass sich etwas ändern musste. Schließlich habe ich ja noch zwei Kinder, die mich brauchen. Mein Lachen ist nur aufgesetzt, aber ich möchte meine Kinder aus der Welle der Traurigkeit herausholen. Mein Mann ist immer an meiner Seite, aber dennoch bin ich traurig und kann meinen Sohn nicht vergessen. Noch heute glaube ich manchmal, dass er einfach nur schläft.

Mittlerweile geht es uns als Familie etwas besser. Ich beschloss, mich von meiner Traurigkeit abzulenken und machte meinen Führerschein. Eigentlich wollte ich mir einen Job als Pizzalieferantin suchen, aber da ich ein Kopftuch trage, wollte mich niemand einstellen. Auch auf eine Ausbildung als Altenpflegerin habe ich mich beworben, aber meine Deutschkenntnisse reichen nicht aus. Kürzlich habe ich einen Kurs für digitales Marketing absolviert. Ich suche weiter nach einem Job.

In Deutschland wurde ich reifer, geduldiger und habe dazugelernt. Farouks Erziehung war anders als die von Jad und Elias. Farouk wurde jedes Mal bestraft, wenn er zum Beispiel eine Vase auf den Boden fallen ließ oder Essen verschmierte. Jad und Elias hingegen konnten tun und lassen, was sie wollten, denn die Reinigung dauerte ja nur ein paar Minuten. Mit der Zeit stellten sie selbst fest, dass das, was sie taten, falsch war. Ein Kind hat das Recht, zu tun, was es will. Ich höre nicht auf die Meinungen der Gesellschaft. Meine Kinder sind nicht dazu da, die Leute mit ihrem Verhalten zu erfreuen. Ein typischer Rat an Eltern in meinem Heimatland ist: Ein Kind ist ein schwaches Wesen, das wir nicht bestrafen sollen. Es hat noch keine Lebenserfahrung.

Außerdem bringen wir unseren Kindern den Islam und das Beten bei. Wenn sie acht Jahre alt sind, erklären wir ihnen, was der Ramadan ist. Und wir bringen ihnen Moral bei und wie man sich im Umgang mit anderen Menschen verhalten soll.

Ich hoffe, erleben zu können, wie Farouk und Jad träumen und ihre Zukunft planen. Ich möchte, dass sie lernen zu lieben und zu vergeben, und dass das Leben für sie immer besser sein wird, als meins gewesen war. Und allen Müttern Syriens wünsche ich, ihr Land zu verlassen und ihren Kindern ein sicheres Leben zu ermöglichen.

Zu guter Letzt möchte ich ein Sprichwort aus meiner Heimat teilen:

»Geld und Kinder sind der Schmuck des Lebens.« Das heißt, dass Geld ohne Kinder nicht glücklich macht. Kinder sind das Leben der Welt.

Silvia aus Taiwan

Ich bin in Taipeh geboren und aufgewachsen. 2001 ging ich nach New York, um einen Master zu machen und habe seitdem immer im Ausland gelebt: New York, Shanghai, Seoul, Amsterdam, Barcelona, Tokyo und Los Angeles waren die Orte, an denen ich gelebt und gearbeitet habe. Meinen deutschen Ehemann habe ich in Shanghai kennengelernt und entschloss mich dann, mit ihm zurück nach Europa zu gehen, um unserer Beziehung eine Chance zu geben. Anschließend haben wir aufgrund der Arbeit meines Mannes in unterschiedlichen Ländern gelebt. Im Sommer 2017 sind wir als Familie von Los Angeles nach Deutschland gegangen, weil ich wollte, dass meine Kinder Deutsch lernen und in der Nähe ihrer deutschen Familie und ihrer deutschen Wurzeln leben. Also nahm mein Mann einen Job in Berlin an.

Ich habe einen Bachelor in Public Administration und einen MBA in Marketing. Vorrangig habe ich im Bereich PR/Marketing gearbeitet, aber auch in der Werbebranche. Zurzeit arbeite ich als Client Service Director in einer Retail Design Agency. Meine Töchter heißen Natalia und Audrey und sind dreizehn beziehungsweise neun Jahre alt.

In Taiwan gibt es das Ritual des Stillmonats: Den gesamten Monat nach der Geburt bleibt eine Mutter zu Hause und ruht sich aus. Es gibt viele Dinge, die einer frischgebackenen Mutter »verboten« sind. In der chinesischen Kultur glaubt man, dass der Körper einer Frau bei der Geburt großem Stress ausgesetzt ist, sodass das Wochenbett dazu da ist, sich zu erholen, zu heilen und sich sogar zu »resetten«. In Taiwan ist diese Tradition zu einer riesigen, sehr lukrativen Industrie geworden: Es gibt richtige Zentren, in denen die Mutter einchecken kann. Sie bekommt dort sehr gutes Essen, das von einem Ernährungsberater auf den Prinzipien der traditionellen chinesischen Medizin basierend gekocht wird. Außerdem gibt es Massagen und Anwendungen für die Haare. Aber das Wichtigste ist: Es wird auf das Baby aufgepasst, sodass die Mama schlafen und sich ausruhen kann und einen sanften Übergang ins Mamasein findet. Obwohl ich mein erstes Kind in Tokio bekam, habe ich den Stillmonat gemacht und dazu die chinesische Medizin benutzt, die mir meine Familie aus Taiwan geschickt hatte. In Tokio hatte ich einen Kaiserschnitt und blieb vier Tage im Krankenhaus, wo ich für ein luxuriöses Einzelzimmer eine Zuzahlung leisten musste.

Mein zweites Kind bekam ich in Los Angeles. Da es dort eine recht große chinesisch-amerikanische Community gibt, konnte ich auf unsere Traditionen abgestimmtes Essen bestellen: Alle zwei Tage bekam ich sechs Mahlzeiten, dazu Snacks und chinesische Gesundheitsdrinks, die für den ganzen Monat reichten. Das Essen war fantastisch – lecker, gesund und reichlich. Ich konnte sogar meinem Mann noch etwas davon abgeben, wenn der nicht vom intensiven Geruch abgeschreckt war. Die nährreichen Suppen mit Rippchen oder mit Fisch haben meinem Körper sehr gutgetan und die Milchbildung angeregt. Ich erinnere mich auch noch, wie die Schwester in Los Angeles mir nach der Geburt Eis anbot und ich sehr überrascht war. In der chinesischen Kultur sollen wir kein Eis essen, etwas Kaltes trinken, unsere Haare waschen oder unseren Körper Kälte oder Wind aussetzen. Das Eis gab ich meiner älteren Tochter, als sie mich im Krankenhaus besuchte.

Ich habe versucht, der Tradition zu folgen und so lange es ging zu Hause zu bleiben. Im ersten Monat habe ich das Haus nur verlassen, um zum Kinderarzt oder zur Nachsorge zu gehen.

In Taiwan müssen in vielen Familien beide Elternteile arbeiten. Daher ist es weitverbreitet, dass Kinder von ihren Großeltern aufgezogen werden. Es gibt viele sogenannte »Wochenendeltern« – also Eltern, die ihre Kinder nur am Wochenende sehen.

In Deutschland sehe ich kaum Kinder, die von ihren Großeltern aufgezogen werden. Die meisten Kinder sind bei ihren Eltern, auch wenn ich viele Alleinerziehende beobachtet habe.

Kinder in Asien werden tendenziell »autoritärer« erzogen. Gleichzeitig sind viele Kinder recht »verwöhnt« und abhängiger, da ihre Eltern oder Großeltern sie quasi bedienen. Für viele asiatische Eltern sind gute Noten und schulischer Erfolg das Allerwichtigste. Daher müssen ihre Kinder zum Beispiel nicht unbedingt mit im Haushalt helfen oder an Familienfesten teilnehmen, um mehr Zeit zum Lernen zu haben. In Deutschland oder in der westlichen Welt hingegen müssen Kinder nicht zwingend auf die Uni gehen, um eine großartige und vielversprechende Zukunft oder Karriere zu haben. Auch als Techniker kann man gut bezahlt und hoch angesehen werden. Daher haben Eltern einen ausgeglicheneren Blick auf Bildung und versuchen nicht ihren Erziehungsstil auf den akademischen Erfolg des Kindes auszurichten. Kinder in Deutschland sind selbstständiger und werden als Individuen angesehen – weniger als Anhängsel der Eltern.

Das Beste am Mutterwerden in Deutschland ist die Elternzeit. Ich erinnere mich, dass ich eine deutsche Mutter kennenlernte, als ich in Tokyo lebte und gerade selbst Mutter geworden war. Sie war mit ihrem Mann dorthin gezogen, befand sich gerade in Elternzeit und erzählte mir, dass ihr Arbeitgeber Bosch ihre Position drei Jahre lang freihalten müsste. Ich war völlig baff. Weder in Taiwan, China, Japan oder in den USA gibt es so was.

Etwas anderes, was mir aufgefallen ist, sind die flexiblen Arbeitszeiten für Mütter. Als ich nach Deutschland kam, fiel mir gleich auf, dass viele Mütter ihre Kinder von der Kita abholen konnten, weil sie 20, 25 oder 30 Stunden in der Woche arbeiteten. Diese flexiblen Stunden empfand ich als sehr erfrischend. Wenn du in Los Angeles eine berufstätige Mutter bist, holt die Nanny die Kinder von der Schule ab. Manchmal hören Frauen komplett auf zu arbeiten, weil sie nicht viel mehr verdienen, als die Nanny kostet!

Von Bekannten habe ich außerdem von »Mutterkuren« gehört – wenn eine Mutter ein Burn-out hat, kann sie sich für mehrere Wochen eine Kur in einem Therapiezentrum verschreiben lassen. Sogar mit ihren Kindern zusammen, auf die dann dort aufgepasst wird. Das ist unglaublich. Von so etwas habe ich noch nie in den USA oder in Asien gehört.

Gerne möchte ich meinen Kindern etwas aus meiner Kultur beibringen. Ich wünsche mir, dass meine Kinder vernünftiges Mandarin sprechen, da es meiner Meinung nach so eine schöne Sprache und auch Teil meiner und unserer Wurzeln ist. Ich spreche mit meinen Kindern so oft es geht Chinesisch und hoffe, sie können es eines Tages auch lesen und schreiben, damit sie chinesische Literatur genießen können. Was ich meinen Kindern außerdem noch näherbringen möchte, ist die Küche. Es gibt viele Gerichte, die ich meiner älteren Tochter schon beigebracht habe. Beide Mädchen sind »richtige Taiwanesinnen«, denn sie lieben Essen! Wir machen immer Scherze, dass es ihre künftigen Freunde ganz schön schwer mit ihnen haben werden, weil sie schnell *hangry* werden – also wütend (angry), wenn sie hungrig (hungry) sind. Man kann ihnen nicht einfach Hot Dogs vorsetzen – sie wollen gutes, leckeres Essen. Auch wenn unsere Gaumen besonders asiatisches Essen lieben, essen wir alles Mögliche, zum Beispiel eine authentische Pasta al dente, gebratenes Hähnchen oder moules et frites. Ich liebe alles, was es auf einem taiwanesischen Nachtmarkt gibt oder ein koreanisches BBQ oder alles aus der japanischen Küche.

Verglichen mit Asien finde ich, dass die Menschen hier mir weniger Ratschläge zum Thema Kindererziehung geben. Chinesen hingegen lieben es, dir Ratschläge zu geben. Vielleicht sind die Leute in Deutschland oder generell in der westlichen Welt daran gewöhnt, sich eher um die eigenen Angelegenheiten zu kümmern.

Ich hoffe, meine Kinder lernen in Deutschland, kritisch zu denken, sich eine eigene Meinung zu bilden und nicht nur dem zu folgen, was die anderen sagen. Sie sollen ihre eigene Meinung mutig und selbstbewusst vertreten und Entscheidungen frei treffen und nicht nur Normen oder sozialen Konventionen folgen.

Zu guter Letzt möchte ich zwei Sprichwörter teilen:

第一個孩子照書養，第二個孩子照豬養
»Das erste Kind wird dem Buch nach großgezogen, das zweite Kind wird wie das Ferkel großgezogen.«
Es bedeutet, dass Eltern beim ersten Kind noch so vorsichtig, nervös und behutsam sind und alles perfekt machen wollen. Und dann beim zweiten Kind viel entspannter und lockerer sind.

養兒方知父母恩
Das bedeutet: Man erkennt erst wirklich die Liebe und die Anstrengungen der eigenen Eltern, wenn man selbst ein Kind bekommt.

Buchempfehlung: Der Elternratgeber einer taiwanesischen Mutter »Das Ablaufdatum von Eltern sind 10 Jahre« hat mich sehr beeinflusst und erinnert mich, wie kurz unsere Kinder nur bei uns sind. Bevor wir es richtig merken, haben sie sich von uns gelöst und wollen nicht mal mehr mit uns kuscheln. Das Buch ist eine Erinnerung, dass unsere wichtigste Aufgabe als Eltern ist, unseren Kindern zu helfen, unabhängig zu werden – egal ob es zehn, achtzehn oder zwanzig Jahre dauert. Aber als Eltern bereiten wir unsere Kinder einfach nur darauf vor, uns zu verlassen.

Azza aus Tunesien

Ich stamme aus Tunesien, wo ich englische Literatur studiert habe. Für meinen Master in Soziologie bin ich nach Polen gegangen. Nach meiner Hochzeit haben mein Mann und ich zunächst in Frankreich gelebt und sind dann nach Deutschland gekommen. Wir finden, dass Deutschland eine gute Lebensqualität bietet und wir wollen die beruflichen Möglichkeiten hier nutzen. Derzeit befinde ich mich in Elternzeit. Meine Tochter ist ein Jahr alt.

Vermutlich ist es immer etwas anderes, nicht in seinem Heimatland Mutter zu werden. Alles ist verschieden. Zwar hatte ich eine gute Geburtserfahrung, aber hier in Deutschland ein Baby großzuziehen ist sehr schwierig. Wenn man im Ausland lebt, hat man keine Eltern oder Geschwister, die einem unter die Arme greifen. Familie um sich zu haben, ist ein richtiger Luxus, wenn man fernab der Heimat lebt. Wenn wir bei meinen Verwandten in Tunesien zu Besuch sind, ist meine Tochter immer von lauter Menschen umgeben, die sich um sie kümmern und ihr alle möglichen Dinge zeigen. Hier in Deutschland bin ich auf mich gestellt und muss mich deswegen doppelt anstrengen. Um alles kümmere ich mich alleine: Ich bin diejenige, die meiner Tochter Dinge beibringt, ich recherchiere altersgerechte Aktivitäten im Internet, ich informiere mich, ob eine Kita eine gute Entscheidung für sie wäre, ich muss mich auf Deutsch zurechtfinden und noch so vieles mehr. Würde ich in meinem Land wohnen, müsste mein Baby nicht in die Kita gehen. Hier in Deutschland habe ich nur meinen Ehemann, der den ganzen Tag arbeitet. Um auch mal etwas Zeit für mich zu haben, war ich gezwungen, meine Tochter in die Kita zu geben. So hat sie Kontakt zu anderen Babys, lernt die Sprache und ist nicht so isoliert zu Hause. Ich möchte die beste Version meiner Selbst sein, damit mein Baby gut aufwächst. Und Deutsch lernen, um mein Baby zu verstehen, wenn es später anfängt zu sprechen.

Wir stammen aus einem muslimischen Land und wünschen uns, dass unsere Tochter unsere religiösen Feste, die *Eids* kennenlernt und weiß, warum wir sie feiern. Zum Beispiel fasten wir im Ramadan, wobei es natürlich Ausnahmen für kranke Menschen, Schwangere und kleine Kinder gibt, da Fasten für sie gefährlich sein kann. Fasten ist nicht nur ein religiöses Gebot, bei dem wir uns von fleischlichen und egoistischen Wünschen fernhalten. Durch das Fasten lernen wir auch, geduldig zu sein, denn wir warten vom Aufgang der Sonne bis zu ihrem Untergang, um wieder essen und trinken zu dürfen. So empfinden wir zum Beispiel nach, wie es für einen obdachlosen Menschen sein muss, kein Geld für Nahrung zu haben. Oder wie es sich wohl anfühlt, in einer Hungersnot zu leben. Darüber hinaus gibt es wissenschaftliche Studien, dass Fasten gut für die körperliche und mentale Gesundheit ist. Zum Beispiel ist es auch notwendig, vor manchen medizinischen Eingriffen nüchtern zu sein.

Für unsere Tochter wünschen wir uns aber auch, dass sie anderen Religionen offen gegenüber ist und Unterschiede akzeptiert. Sie soll auch ihre Muttersprache Arabisch lernen, sodass sie sich mit ihren Großeltern und allen anderen Verwandten verständigen kann. Und auch das traditionelle Essen wie zum Beispiel Couscous soll sie kennenlernen.

Zu guter Letzt möchte ich Überraschendes über Kindererziehung in Deutschland teilen:

Auch wenn es sehr kalt ist, soll man jeden Tag mit dem Baby spazieren gehen.

Und: Auch wenn das Baby krank ist, werden für gewöhnlich keine Antibiotika verschrieben.

Özge aus der Türkei

Geboren und aufgewachsen bin ich in einer Großstadt, studiert habe ich in der Hauptstadt Ankara, wo ich auch den Großteil meines Erwachsenenlebens verbracht habe. Für unsere damals fünfjährige Tochter wünschten mein Mann und ich uns eine säkulare und wissenschaftsbasierte Bildung. Der Lehrplan an staatlichen Schulen in der Türkei ist aber von der Ideologie der derzeitigen Regierung geprägt, mit der wir nicht einverstanden sind. Auch in der Arbeitswelt ist Vetternwirtschaft gängige Praxis und macht Oppositionellen das Leben schwer. Deswegen entschieden wir uns, dass wir außerhalb der Türkei leben wollten. Als Ingenieur war es für meinen Mann auch ohne fließende Sprachkenntnisse leicht, eine Stelle in Deutschland zu finden. Wir kamen 2020 nach Deutschland, kurz bevor die Grenzen aufgrund der Pandemie geschlossen wurden. Zu der Zeit machte ich ein Sabbatical und nutzte die Zeit, um Deutsch zu lernen und einen Integrationskurs zu belegen. Meine Tochter ist mittlerweile acht Jahre alt.

Meiner Ansicht nach ist es in beiden Ländern schwierig, Mutter zu sein. Bevor ich herkam, dachte ich, dass Deutschland einer der besten Orte für Frauen und Mütter wäre. Dass die Arbeitsteilung bei Kinderbetreuung, Pflege und Haushaltstätigkeiten so ungleich ist, hat mich wirklich überrascht. Ich war schon vorher mehrfach als Touristin in Deutschland gewesen, aber das fiel mir erst als Immigrantin auf.

In der Türkei hatte ich einen Vollzeitjob und die Kinderbetreuung von 9 bis 17 Uhr war erschwinglich. Somit war ich total unabhängig. Als wir hier ankamen, erfuhren wir, dass unser Kind bis maximal 15 Uhr in der Schule betreut werden würde und das auch nur, wenn beide Elternteile Vollzeit arbeiten. Mein Sabbatical wurde nicht als Vollzeittätigkeit anerkannt. Daher hatte ich keinen »eigenen Raum für mich«, wie Virginia Woolf es bezeichnete. Vielleicht wird das ja besser, wenn meine Tochter älter ist.

Das Beste am Muttersein in Deutschland ist, dass ich mich nicht um das Wohlergehen oder die Sicherheit meines Kindes sorgen muss, zum Beispiel wenn es allein zur Schule geht, draußen ist oder neue Leute trifft. Das Umfeld, in dem wir hier leben, ist sicherer als das in unserem Heimatland.

Meine größte Herausforderung als Mutter hing mit der Pandemie zusammen: Mein Mann arbeitete Vollzeit und ich blieb zu Hause, da die Kinder lange nicht zur Schule gehen durften.

Mir ist definitiv wichtig, dass meine Tochter ihre Muttersprache nicht vergisst. Trotzdem möchte ich, dass sie so schnell es geht Deutsch lernt, sodass sie sich hier gut zurechtfindet. Meine Tochter liest viele deutsche Bücher, um ihr Deutsch zu üben. Besonders liebt sie die Bücher von Astrid Lindgren. Angesichts der langen Migrationsgeschichte zwischen Deutschland und der Türkei bin ich mir sicher, dass wir anhand unserer Integrationsfähigkeit beurteilt werden. Integration ist natürlich in unserem eigenen Interesse. Sonst wäre unser Leben hier ziemlich trist.

Wir wünschen uns, dass unsere Tochter universelle Werte wie Liebe, Respekt und Unabhängigkeit lernt. Das Befolgen von Regeln ist in Deutschland sehr wichtig – das finde ich toll. Es wäre schön, wenn unsere Tochter auch damit vertraut ist. Ich hoffe, meine Tochter lernt hier, andere Menschen zu respektieren – unabhängig davon, was sie denken, glauben oder wie sie leben. Kontakt zu Menschen aus unterschiedlichen Kulturen zu haben. Es ist eine tolle Erfahrung, ein Weltbürger zu sein. Klare Grenzen zu haben, »nein« zu sagen, wenn man nicht einverstanden ist – das ist in unserer Kultur sehr schwierig. Die Grenzen von anderen Menschen zu respektieren, sodass auch die eigenen Grenzen respektiert werden. Andere Menschen nicht zu beschimpfen, auch wenn ihre Handlungen sehr schlecht sind – die Liebe steht über allem. Auch wenn man aufgrund der Sprache, des Herkunftslandes oder des Äußeren beurteilt wird, sich selbst zu lieben und sich nicht für seine Herkunft zu schämen. Als Eltern sind wir allen Erfahrungen, die unsere Tochter hier machen kann, offen gegenüber und respektieren ihre Entscheidungen.

Aufgefallen ist mir, dass Eltern hier sehr entspannt sind und sich nicht so sehr sorgen. In meinem Heimatland machen sich Eltern in meinem Freundeskreis viele Gedanken um Bildung. Sie wägen ab, auf welche Privatschule sie ihre Kinder schicken sollen, da diese bessere Bildungschancen bieten. In Deutschland gibt es nur staatliche Schulen – da fällt die Wahl leichter. Außerdem finde ich, dass Eltern in Deutschland ihren Kindern ihre Liebe und ihre Gefühle nicht so offen zeigen. Sie wirken distanzierter. Aber das ist möglicherweise eine sehr persönliche Beobachtung.

In meinem Heimatland sollst du dich als Mutter für deine Kinder und Familie aufopfern – dafür winkt irgendwann ein Lohn. Dieser Rat macht aus Müttern heilige Wesen, was von den religiös-konservativen Kräften in der Gesellschaft unterstützt wird, ich aber nicht gut finde. Außerdem sollen Eltern ständig auf ihre Kinder achtgeben. Jederzeit kann etwas Schreckliches geschehen. Wenn du zu viel Verständnis für das Verhalten und die Entscheidungen deines Kindes hast, wird dir vorgeworfen, dein Kind sei verwöhnt. Der beste Rat über Kindererziehung, den ich hingegen bekommen habe, ist: Sei eine ausreichend gute Mutter für dein Kind. Lass dich nicht von überhöhten Erwartungen fertigmachen. Liebe, Geduld und Grenzen machen sich bezahlt. Mutter zu sein ist wunderbar. Dennoch denke ich, dass Mutterschaft in vielen Kulturen zu sehr überhöht wird, sodass großer Druck auf den Schultern der Mütter lastet. Mir ist aufgefallen, dass hier viele Mütter, die immigriert sind, zu Hause bleiben und lange brauchen, um ins Berufsleben einzusteigen – sie müssen erst Integrationskurse besuchen, auf die Anerkennung ihrer Qualifikationen warten oder die Schulen betreuen ihre Kinder nur bis um 13 oder

15 Uhr. Oder sie arbeiten nur in Teilzeit oder verdienen weniger als die Männer, da sie die gemeinsamen Kinder betreuen. Das war sehr, sehr überraschend für mich. Ich dachte, Deutschland würde den Frauen besser helfen, ihr Potenzial voll auszuschöpfen.

Zu guter Letzt möchte ich einige türkische Sprichwörter teilen:

»*Cennet annelerin ayağının altındadır.*«
»Eine Mutter zu sein öffnet den Weg zum Himmel.«

»*Bir annenin en büyük eseri çocuğudur.*«
»Eine Mutter ist eine Künstlerin und ihr Kind ihr Meisterwerk.«

»*Gelecek nesillerin sorumluluğu annelerin omuzlarındadır.*«
»Die Zukunft eines Landes hängt von den Müttern ab.«

»*Kızlar annelerinin kaderini yaşar.*«
»Töchter teilen das Schicksal ihrer Mütter.«

Buchempfehlungen: Elif Shafaks »Black Milk: On Motherhood and Writing« (auf Türkisch: »Siyah Süt«) hat mir die Augen geöffnet, besonders was sie über die Schwierigkeiten, Mutter zu sein und das Wochenbett schreibt. »It Didn't Start with You« von Mark Wolynn und »The Drama of the Gifted Child« von Alice Miller haben mir geholfen, die Dynamiken in meiner eigenen Familie zu verstehen und wie ich die sogenannte mother wound überwinden kann. Damit ist gemeint, dass Frauen in patriarchalen Gesellschaften toxische und unterdrückende Glaubenssätze, Wahrnehmungen und Entscheidungen weitergeben, die zu unbegreiflichem Schmerz und geringem Selbstbewusstsein in der nächsten Generation von Frauen führen können. Durch das, was eine Tochter von ihrer Mutter lernt, beschränkt oder sabotiert sie sich möglicherweise selbst. In patriarchalen Gesellschaften ist Muttersein eine Pflicht: Von Frauen wird erwartet, dass sie die Hauptbezugsperson sind, sich um die Bedürfnisse von anderen kümmern und immer Opfer für die Familie und die Gesellschaft bringen (so leisten meist die Frauen Care-Arbeit, zum Beispiel als Krankenschwestern, Lehrerinnen, Erzieherinnen, etc.). Generell hat mir auch Marshall Rosenbergs »Non-Violent Communication« geholfen, eine andere Form der Beziehung zu meiner Tochter, zu meiner Familie und zu meinen Studierenden zu entdecken.

Sandra aus Uganda

Seit fünfzehn Jahren lebe ich in Deutschland. Als ich in der Grundschule war, heiratete meine Mutter einen Schweizer und ging nach Europa. Ich blieb in Uganda und wuchs bei meiner Oma und bei meiner Tante auf, denn ich wollte zuerst die Schule in Uganda beenden. Nach dem Abitur war es aber leichter für mich, ein Visum für Deutschland zu bekommen, sodass ich hierherkam, um Deutsch zu lernen. Um hier auch studieren zu dürfen, legte ich außerdem noch die Deutsche Sprachprüfung für den Hochschulzugang ab. In dieser Zeit lernte ich meinen jetzigen Ehemann kennen. Nach dem Studium der Mittelständischen Wirtschaft arbeitete ich in der Buchhaltung. Uns war klar, dass wir mit der Familienplanung nicht lange warten wollten und ich wurde schnell schwanger. Heute haben wir drei Söhne, die neun, sechs und vier Jahre alt sind.

Mutter in Deutschland zu werden, ist anders als in meinem Heimatland. Durch die Versicherungspflicht in Deutschland erhalten alle Schwangeren regelmäßig medizinische Versorgung. In Uganda ist die Versorgung stark vom eigenen Geldbeutel abhängig. Wer viel Geld besitzt, wird in Uganda vielleicht sogar besser behandelt als jemand, der hier gesetzlich krankenversichert ist. Aber es kommt immer drauf an. Bei der Geburt meines zweiten Kindes hatte ich einen Gebärmutterriss, der für Mutter und Kind lebensgefährlich sein kann. Zum Glück wurde ich schnell und gut behandelt. Allerdings war ich hier in Deutschland auch in einer renommierten Universitätsklinik. Ich weiß nicht, ob das auch in einem anderen deutschen Krankenhaus der Fall gewesen wäre. In Uganda hätten sowohl ich als auch mein Kind daran sterben können. Denn ich weiß nicht, ob ich dort genug Geld für eine vergleichbare Gesundheitsversorgung gehabt hätte. Grundsätzlich gibt es in deutschen Krankenhäusern standardmäßig bessere Geräte und technische Ausrüstung, wie zum Beispiel das CTG. Als bei der Geburt meines ersten Sohnes die Herztöne abfielen, war schnell klar, dass er per Notkaiserschnitt zur Welt kommen musste. In Uganda wäre er vielleicht tot geboren worden.

In meiner Heimat ist es traditionell üblich, dass die eigene Mutter und nicht der werdende Vater mit zur Geburt kommt. Aber das ist im Wandel. Auch werden durch Social Media immer mehr Traditionen aus anderen Ländern übernommen, wie zum Beispiel das Feiern einer Baby Shower. Was aber nach wie vor etwas anders ist: Wenn eine Frau in Uganda Zwillinge erwartet, gibt es einen regelrechten Hype um sie. Sie bekommt besonders viel Respekt. Das ist ja auch verständlich: Schließlich ist es nicht einfach, zwei Kinder auszutragen und dann zu erziehen. Aber da ich keine Zwillinge habe, hätte mich das eh nicht betroffen.

In Uganda wäre ich wohl früher wieder zur Arbeit zurückgekehrt. Es ist üblich, dass mehrere Generationen unter einem Dach leben, sodass die Ältesten die Kinder mitbetreuen. Auch sonst ist es in Uganda einfacher, ein Kind kurz zu Hause zu lassen, wenn man nur schnell etwas besorgen muss. Die Nachbarn sind jederzeit verfügbar, sodass man sein Kind kurz dort lassen kann. Wenn ich hier noch mal schnell zum Supermarkt fahren muss, muss ich alle Kinder mitnehmen. Das ist viel anstrengender.

In Uganda sind die Eltern strenger und schimpfen eher mit ihren Kindern, wenn sie etwas Falsches gemacht haben. Hier wird erwartet, dass man pädagogischer an einen Konflikt rangeht. Zum Beispiel soll man den Kindern kein schlechtes Gewissen machen, wenn man sie zurechtweist. Ich muss immer wieder die richtige Balance finden: einerseits gerecht bleiben, aber ohne harte Worte zu benutzen.

Eine gute Mutter in Uganda kocht gut und sorgt dafür, dass die Kinder vernünftig gewaschen und angezogen sind. Hier kann ein Kinder essen, was es will – Hauptsache, es bekommt eine warme Mahlzeit und ist sonst gesund. Wichtiger ist, mit den Kindern bewusst und aktiv zu spielen. Oft ist die Mama die einzige Spielkameradin, die zu Hause verfügbar ist. Da wir in Uganda mit viel mehr anderen Menschen zusammenwohnen, gibt es immer noch andere Spielkameraden.

Ich koche leidenschaftlich gerne. Da ich die Küche meiner Heimat sehr vermisse, gibt es bei uns besonders häufig ostafrikanische Gerichte. Meine Kinder lieben zum Beispiel *Pilau*, einen Reiseintopf, der ursprünglich aus Indien stammt. Durch die Handelsbeziehungen zwischen Indien und Ostafrika kam er in unsere Region und wurde dann an den lokalen Geschmack angepasst.

Vor dem Essen beten wir – nicht nur zu Hause, auch im Restaurant. Auch das möchte ich gern meinen Kindern weitergeben. Außerdem möchte ich meine Kinder für Sprachen sensibilisieren. In Uganda werden 42 verschiedene Sprachen gesprochen. Von den acht Sprachen, die ich beherrsche, stammen fünf aus Uganda. Mein ursprünglicher Plan war, meinen Kindern meine Muttersprache Nyankore beizubringen. Doch dann hatte ich Sorge, dass ich mein Deutsch verlernen würde, wenn ich zu Hause bleibe und mit meinen Kindern ausschließlich Nyankore spreche. Unbewusst habe ich dann doch mehr Deutsch mit ihnen gesprochen. Außerdem hatte ich niemanden in meiner Nähe, der auch meine Muttersprache spricht und mit dem ich mich hätte austauschen können. Mittlerweile verstehen meine Kinder schon einiges. Und meine Hoffnung ist, dass sie mithilfe von Büchern noch mehr Nyankore lernen, wenn sie erstmal lesen können. Weil ich möchte, dass sie immer wissen, dass Uganda ein Teil von ihnen ist, tragen meine drei Kinder ugandische Vornamen.

Zu guter Letzt möchte ich ein ugandisches Sprichwort teilen:

»Okuzala kujagana.«
Es bedeutet sinngemäß: Kinder zu haben, ist eine Freude.

Solomiya aus der Ukraine

Ich bin in der westukrainischen Stadt Lemberg (Lviv) geboren und aufgewachsen, wo ich auch am Konservatorium studiert habe. Von Beruf bin ich Musikerin und ich reiste schon während des Studiums viel mit einem Orchester durch Europa. So kristallisierte sich der Wunsch heraus, in Deutschland weiterzustudieren. Vor zwanzig Jahren begann ich mein Studium an einer hiesigen Musikhochschule. Ein Jahr danach kam auch mein Mann zu mir und 2004, mitten im Studium, wurde ich zum ersten Mal Mutter. Mein Sohn ist heute achtzehn Jahre alt. Zwischenzeitlich war ich geschieden und alleinerziehend, jetzt bin ich in einer neuen Partnerschaft und seit einem Jahr Mutter einer bezaubernden Tochter.

In der Ukraine gibt es keine Krankenversicherung und das Gesundheitswesen war ziemlich korrupt. In den meisten Fällen bezahlte man die Ärzte »schwarz«, sodass sie sich das Geld in ihre eigene Tasche steckten. Oder man bestand auf sein Recht auf eine kostenlose Behandlung und hoffte, dass alles gut läuft. In beiden Fällen hätte ich mich damals nicht so sicher gefühlt, wie als ich in Deutschland mein erstes Kind erwartete. Hier hatte ich grundsätzlich Vertrauen zu den Ärzten. Die Entbindungen meiner Kinder habe ich deswegen als sehr schön erlebt. Viele meine Freundinnen in der Heimat haben weniger positive Erfahrungen gemacht.

Ich spiele in einem Symphonieorchester und meine Arbeitszeiten gehen weit über Feierabende und Wochenenden hinaus. Ohne die unentgeltliche Unterstützung meiner Freunde, die mit der Zeit zu einer Art Familienersatz geworden sind, hätte ich damals als Alleinerziehende meinen Beruf nicht ausüben können. Heute ist das kein Problem mehr, denn mein Partner unterstützt mich. Er ist in einer anderen Branche tätig und wir ergänzen uns mit unseren Arbeitszeiten prima.

Für mich persönlich war die Anfangszeit mit meinem Sohn hier in Deutschland besonders schwer, da ich und mein damaliger Mann noch Studenten waren und neben dem Studium und Kind noch unseren Unterhalt verdienen mussten. Damals gab es für mich weder Kinder- noch Elterngeld. In der Heimat hätten wir sicher viel Unterstützung von unseren Eltern und unserer Familie gehabt.

Als mein Sohn klein war, hatte ich hier in Deutschland eine ukrainische Freundin mit einem Kind in ähnlichem Alter. Wir wollten immer, dass unsere Kinder artig sind. Selbst auf dem Spielplatz sagten wir ihnen, sie sollen nicht schreien. In meiner Kultur weist man Kinder schnell in ihre Schranken. Überraschend in Deutschland war für mich die Akzeptanz und Toleranz der Gesellschaft gegenüber Kindern. Bei meinem zweiten Kind versuche ich, es etwas anders zu machen. Denn mittlerweile finde ich es gar nicht schlecht, wenn Kinder laut sind und den Mut haben, ihre eigenen Gedanken zu äußern. Sie werden als gleichwertige Mitglieder der Gesellschaft betrachtet. Niemand kommt auf die Idee, Kinder zurechtzuweisen oder die Eltern in Fragen der Erziehung zu belehren. Kinder haben hier viel Freiheit. Bei meiner Tochter ist es für mich nicht so superwichtig, dass sie überall still und leise sitzt und ganz verschwiegen ist. Kinder verdienen die Freiheit, sich zu äußern. Nicht immer artig zu sein, gehört zum Kindsein dazu. Meine Tochter darf so sein wie wir alle.

Es ist sehr schade für mich, dass meine Kinder, insbesondere mein Sohn, bis jetzt noch keine ukrainische Weihnacht oder Ostern erleben konnten. Dabei sind meine schönsten Kindheitserinnerungen, sich als Teil einer großen Familie zu fühlen, im großen Kreise zu feiern, die schönen Trachten zu bewundern und jedes Jahr aufs Neue die alten Traditionen zu pflegen. Zum Beispiel zogen wir früher als Kinder mit dem Weihnachtsstern und Krippenspiel um die Häuser. Dabei sangen wir traditionelle Lieder und verkleideten uns mit speziell gefertigten Kostümen als Engel, Teufel, Tod oder einer der drei Könige. In der Karpatenregion, aus der meine Vorfahren kommen, leben auch heute noch uralte Traditionen weiter, die ihren Ursprung noch in den heidnischen Zeiten haben. So hat sich in meine Erinnerung ein Bild eingeprägt: ein mit tausend Kerzen beleuchteter Friedhof bei Nacht in einem Bergdorf. Die Menschen kommen und gehen in der Stille – ganze Familien bringen den verstorbenen Ahnen am Heiligen Abend ein symbolisches Essen, bevor sie sich zu Hause zu Tisch setzen. Der Schnee dämpft die Geräusche, die Stimmung ist geheimnisvoll – alles magisch und wunderschön. Mit jedem Jahr sehne ich mich mehr danach, das alles noch mal wie in meiner Kindheit zu erleben. Ich finde es unheimlich schade, dass meine Kinder es nur aus meinen Erzählungen kennen.

In meiner Heimatregion sind die Menschen außerdem sehr religiös und traditionell. Zum Beispiel legt man Babys zum Schutz Ikonen in den Kinderwagen. Oder Neugeborene werden meist schnell nach der Geburt getauft. Meine Tochter wurde bisher noch nicht getauft. Ich habe immer gedacht, dass wir damit noch warten können – zum Beispiel bis alle Verwandten bei uns zu Besuch sind.

Vor wenigen Tagen hat Russland die Ukraine überfallen und einen Krieg gegen meine Heimat begonnen. Seitdem steht mein Leben auf dem Kopf. Berichte über beschossene Krankenhäuser oder dehydrierte Kinder kann ich gar nicht zu Ende lesen. Als Mutter einer kleinen Tochter, die selbst Premilch getrunken hat, mag ich gar nicht daran denken, dass andere Kinder dazu keinen Zugang haben. In diesen dunklen Tagen bin ich morgens mit dem Gedanken aufgewacht, dass meine Tochter nun in meiner griechisch-katholischen Tradition getauft werden soll. Als symbolisches Zeichen der Hoffnung. Wir denken ja immer, wir haben noch später für alles Zeit. Aber man weiß eben nicht, was noch kommt. Mein Bedürfnis ist es, die Taufe nun nicht weiter aufzuschieben. Wenn in diesen Tagen die Mitglieder meiner Kirchengemeinde Spenden sammeln und Lastwagen mit Hilfslieferungen packen, ist eine Taufe ein schönes Ereignis, zu dem wir zusammenkommen und über das wir uns freuen.

Die griechisch-katholische Kirche ist eine mit Rom unierte ukrainische Kirche byzantinischen Ritus. Die Entstehung hat mit der Teilung der Ukraine im 16. Jahrhundert zu tun. Nach der sowjetischen Okkupation der Westukraine wurde sie verboten und existierte im Untergrund bis zum Ende der Sowjetunion. Ich wurde heimlich in der Wohnung von Verwandten von einem Untergrundpfarrer getauft. Sogar mein Vater und Großvater waren nicht dabei, weil sie ihre Arbeit hätten verlieren können, wenn jemand sie verpetzt hätte. Heute können wir den ukrainischen Teil unserer Identität in und mit der Gemeinde ausleben. Denn das Leben in der Gemeinde in Deutschland geht über Religion hinaus: Dort treffen wir unsere Landsleute, sprechen unsere Muttersprache und pflegen unsere Traditionen. Ich wünsche mir, dass meine Kinder Ukrainisch lernen und dass meine erste Sprache mit den beiden immer Ukrainisch bleibt.

Als Mutter in Deutschland habe ich gelernt, mein Ding zu machen und mich nicht darum zu kümmern, was andere sagen. Zum Beispiel wollte ich unbedingt Musik studieren und habe das Studium mit anderen Jobs finanziert. Einmal sagte eine Professorin, dass sie so etwas nie gemacht hätte. Aber es kümmerte mich nicht. Mein Sohn hat mich immer motiviert, nicht aufzugeben und hart zu arbeiten, damit ich nicht nur für mich, sondern in erster Linie für ihn eine gute Zukunft aufbauen kann. Durch die harten Zeiten, die ich hinter mir habe, habe ich auch eine dickere Haut bekommen.

Die zweite Elternschaft erlebe ich als entspannt, ich kann mich zurücklehnen und die Momente genießen, für die ich mit dem ersten Kind leider keine Zeit und Möglichkeit hatte.

Zu guter Letzt möchte ich noch etwas zum Thema Mutter in Deutschland sein teilen:

Mir gefällt mein schönes und selbstbestimmtes Leben hier in Deutschland. Gleichzeitig liebe und vermisse ich meine Heimat und bin sehr glücklich, wenn ich Zeit in der Ukraine verbringen kann.

Kunstwerk-Empfehlungen: Aus der Ukraine habe ich eine traditionelle Ikone mitgebracht, die nun bei mir im Wohnzimmer hängt. Für mich ist diese Darstellung der Mutter Gottes ganz wichtig und auch ein Symbol für das Muttersein. Ein anderes berühmtes Bild, das mir viel bedeutet, ist das Mosaik der Heiligen Jungfrau Maria Oranta. Diese betende Gottesmutter kann man in der Kathedrale der Heiligen Sophia in Kiew bewundern. Mit ihren schützenden Händen gilt sie als Schutzpatronin unseres Landes. Ich hoffe sehr, dass das Bild in dieser eintausend Jahre alten Kirche nicht durch den Krieg zerstört wird. Außerdem gefällt mir das Gemälde »Die Verkündigung« von Oleksandr Muraschko. Ich mochte schon immer die leuchtenden Farben, die in meinem Verständnis die Vorfreude auf das neue Leben ausdrücken.

Jane aus den USA

Ich wurde in Kalifornien geboren, bin aber in drei verschiedenen Ländern aufgewachsen. Neben den USA habe ich auch in Korea und in Japan gelebt. Von Haus aus bin ich Physiotherapeutin und habe in diesem Bereich gearbeitet, bevor ich 2016 nach Deutschland kam. Ich habe zwei Kinder, Aiden und Alice, die vier und zwei Jahre alt sind.

Ich fühle mich sehr privilegiert, dass ich in Deutschland schwanger war und meine Kinder hier bekommen habe. Aufgrund der Entfernung und der Pandemie hatte ich nicht so viel Unterstützung durch meine Familie. Aber verschiedene Programme der Regierung machen das Muttersein angenehmer. Es gibt zum Beispiel Gesetze, um Mütter vor Diskriminierung am Arbeitsplatz zu schützen und Kurse, in denen sie ihre beruflichen Fähigkeiten ausbauen können. Darauf, dass es gesellschaftlich so akzeptiert ist, dass Eltern Elternzeit nehmen, kann man wirklich stolz sein.

In den USA wurden diese Themen erst kürzlich und auf Druck der Eltern hin ins Zentrum der öffentlichen Aufmerksamkeit gerückt. Einige Beispiele für Dinge, die sich ändern sollen, sind der Kündigungsschutz für Schwangere und finanzielle Unterstützung während und nach der Geburt. In den USA wird generell von Müttern erwartet, gleich nach der Geburt wieder zu arbeiten und ihr Leben von vor der Schwangerschaft weiterzuführen. Muttersein gilt als Privatangelegenheit und ist bei der Arbeit nicht relevant, außer es wurde vorher etwas bezüglich Freistellung oder einer anderen Form der Unterstützung ausgehandelt. In Deutschland wird eine Mutter durch das Gesetzt besonders geschützt und sie kann bei Bedarf auf unterschiedliche Angebote zurückgreifen.

Ein Beispiel dafür ist die Mutter-Kind-Kur, die von der Krankenkasse bezahlt wird.

Mutter in Deutschland zu sein hat mir die nötige Zeit zum Reflektieren gegeben, sodass ich eine bessere Version meiner selbst werden konnte. Diese Möglichkeit hat mich mutiger gemacht, wenn es darum geht, mich für die Schwachen und Marginalisierten einzusetzen. Ich habe ein größeres Mitgefühl für andere und für das Wohlergehen von Familien.

Ich bin eine Amerikanerin koreanisch-japanischer Herkunft. Daher würde ich es toll finden, wenn meine Kinder nicht nur Englisch, sondern auch Koreanisch und Japanisch lernen würden. Ich glaube, dass Sprachen und traditionelle Lieder ganz natürlich die kulturellen Werte und Traditionen transportieren. Ein Beispiel dafür ist ein koreanisches Wiegenlied, das »Inselbaby« heißt. Der übersetzte Text lautet in etwa: »Wenn die Mama ins Watt geht, um Austern zu fischen, bleibt das Baby allein, um das Haus zu bewachen. Der Ozean singt ein Wiegenlied, die Arme wie ein Kissen, das Baby schläft ein. Während das Baby schläft, schreit die Möwe, das Geräusch pocht in der Seele der Mutter, den halbleeren Austernkorb auf dem Kopf, läuft sie den Schotterweg nach Hause.« Das Lied stellt die arbeitende Mutter dar und wie ihr Herz immer bei ihrem Baby ist, auch wenn sie weit weg ist.

Ich wünsche mir, dass meine Kinder ihr kulturelles Erbe schätzen und stolz auf die Vielfalt sind, die sie repräsentieren. Die USA sind wie ein Stoff aus vielen Farben. Ich gebe mir große Mühe, dass meine Kinder lernen, die amerikanischen und ihre eigenen Traditionen zu befolgen.

Zu guter Letzt möchte ich ein Sprichwort aus den USA teilen:

»Spare the rod, spoil the child.«
»Wer mit der Rute spart, verzieht das Kind.« Es bedeutet, dass körperliche Züchtigung als notwendig angesehen wird. In Deutschland ist so was undenkbar.

Alexandra aus Venezuela

Von Beruf bin ich Architektin und habe einen Master in Projektmanagement. In Venezuela habe ich die ersten Jahre als Architektin gearbeitet und bekam dann die Möglichkeit, die Bauprojektabteilung eines Bauunternehmens aufzubauen. Dort habe ich als leitende Koordinatorin von Projekten im Bau- und Ingenieurswesen gearbeitet. Aufgrund der allgemein bekannten, kritischen Lage in meinem Land waren wir gezwungen alle Filialen zu schließen. Und so fiel die Entscheidung, dass meine Familie und ich 2017 nach Deutschland kamen.

Für mich ist Mutter in Deutschland zu sein eine Erfahrung, bei der ich in Bezug auf bestimmte Gewohnheiten erstmal beobachten, planen und dann entscheiden muss. Ich habe einen Sohn, der acht Jahre alt ist. Zum Beispiel ist die Tatsache, dass ein Kind in der zweiten oder dritten Klasse ganz allein zur Schule läuft, sehr erstaunlich, da das in meinem Land völlig unmöglich ist. Mich an die Unabhängigkeit der Kinder von klein auf zu gewöhnen, ist meine größte Herausforderung. Mein Sohn kommt alleine von der Schule nach Hause. Und ich warte immer noch ängstlich, dass er ankommt. Die Traditionen oder Gewohnheiten hier in Deutschland, die mein Mann und ich positiv empfinden und die unsere individuellen Werte widerspiegeln, sind uns sehr willkommen.

Für mich ist es superwichtig, dass mein Sohn Spanisch schreibt, liest und spricht, so wie wir. Er soll auch unser traditionelles Essen wie *arepas*, *hallacas* und *cachapas* kennen. Es ist wichtig, dass er seine Wurzeln kennt und auf sie stolz ist, wo immer auf der Welt er auch ist.

Ich hoffe, mein Sohn lernt in Deutschland Fremdsprachen. In Venezuela legen wir keinen Wert auf eine zweite Sprache, nicht mal auf Englisch. In einer globalisierten Welt ist das meiner Meinung nach aber ein existenzielles Werkzeug.

Zum Thema Muttersein möchte ich noch sagen, dass wir nicht nur in Deutschland, sondern auch anderswo, aufhören sollten mit dem Finger aufeinander zu zeigen und uns als gute oder schlechte Mütter zu beurteilen. Jede Familie hat ihren Grund so oder anders zu sein. Jede Familie entscheidet anhand ihrer eigenen Werte und ihrer Kultur, wie sie ihre Kinder erzieht.

Zu guter Letzt möchte ich den besten Rat zum Thema Kindererziehung teilen, den ich je bekommen habe:

Rede ehrlich mit den Kindern, ohne diesen verniedlichenden Ton. Höre ihnen zu. Höre immer zu, was sie sagen.

Ich selber gebe nicht gerne Ratschläge, aber einer Mutter, die aus Venezuela nach Deutschland kommt, würde ich einfach nur sagen: Fang am besten sofort an, einen Kitaplatz zu suchen!

Khanyie aus Zimbabwe

Ursprünglich komme ich aus Bulawayo in Zimbabwe. Ich gehöre zur Ethnie der Ndebele – unsere Sprache ist bekannt für seine Klicklaute. Mit vierundzwanzig Jahren kam ich als Au-pair nach Deutschland und arbeitete ein Jahr lang in einer liebevollen Gastfamilie, zu der ich noch heute engen Kontakt habe. Anschließend blieb ich in Deutschland und begann ein FSJ in einer Grundschule, das ich allerdings nicht beenden konnte: Mittlerweile hatte ich meinen heutigen Ehemann kennengelernt und wir erwarteten eine Tochter. Heute ist sie acht Jahre alt und hat zwei jüngere Brüder, die sechs und vier Jahre alt sind.

Mutter in meiner Heimat zu werden ist anders als hier. Von dem Moment an, in dem eine Frau in Zimbabwe heiratet, stehen ihre weiblichen Verwandten ihr als Wegbegleiterinnen bei und zeigen ihr alles, was sie als Frau wissen muss. Das gilt besonders, wenn sie ein Kind erwartet oder geboren hat. Bei uns zu Hause hätte ich also jemanden an meiner Seite gehabt, der mir beigebracht hätte, wie man mit einem Baby umgeht, es badet und versorgt. Auch unsere Traditionen hätten sie mir gezeigt. Zum Beispiel wird die Nabelschnur eines Neugeborenen aufgehoben. Was genau man dann mit ihr macht, weiß ich tatsächlich gar nicht so genau, denn ich habe meine Kinder in Deutschland bekommen und meine Verwandten waren nicht hier vor Ort. Aber die Nabelschnur spielt für unsere Eltern eine sehr wichtige Rolle. Sie ist ein greifbares Zeichen, dass ein neues Kind zur Familie hinzugekommen ist. Sie drückt das Zugehörigkeitsgefühl des Kindes zur Familie aus und symbolisiert Verbundenheit und Nähe. Die Großeltern wollen immer wissen, wo sich die Nabelschnur befindet, denn sie glauben, dass dem Baby etwas Schlimmes zustoßen kann, wenn man die Nabelschnur falsch behandelt oder an einen falschen Ort legt. Wäre meine Schwiegermutter zu den Geburten meiner drei Kinder hergekommen, hätte sie ohne Zweifel alle drei Nabelschnüre zurück nach Afrika mitgenommen und dort aufbewahrt. Für mich ist das aber nicht so wichtig – Hauptsache, mir und dem Baby ging es gut. Im Krankenhaus haben die Krankenschwestern die Nabelschnur nach der Geburt mitgenommen und vermutlich weggeschmissen. Außerdem glaube ich als Christin, dass Gott alle Kinder liebt und nicht zulassen würde, dass mein Baby leidet, nur weil ich die Nabelschnur an einen falschen Ort gelegt habe. Da stoßen meine Kultur und mein Glaube aneinander.

In Afrika sind Frauen für die Kindererziehung zuständig und arbeiten nicht außerhalb des Hauses, während die Väter das Geld verdienen. Hier in Deutschland ist es anders: Auch als Mutter arbeite ich und bilde mich weiter, zum Beispiel indem ich eine Sprachschule besuche. Eine Zeit lang habe ich abends in einem Restaurant gearbeitet, weil mein Mann dann Feierabend hatte und sich um unsere Tochter kümmern konnte. Das war ziemlich anstrengend. So gesehen ist es in Afrika natürlich leichter, Mutter zu sein. Aber ich wäre nicht in Deutschland, wenn ich nicht auf das Geld angewiesen wäre, das ich hier verdiene. Ich trage nicht nur die Verantwortung für meine eigene Familie, sondern auch für die Menschen in meinem Heimatland. Denn in unserer Kultur bin ich nicht nur die Mutter meiner leiblichen Kinder. Alle Kinder, die ich auf der Straße treffe, respektieren mich wie eine Mutter und ich habe das Recht, jedes Kind zu erziehen und zu disziplinieren. Gleichzeit respektiere ich jeden älteren Mann und jede ältere Frau wie meine eigenen Eltern. Auch wenn wir nicht miteinander verwandt sind, haben wir alle die Verantwortung, füreinander zu sorgen. Das ist das sprichwörtliche Dorf, das es braucht, um ein Kind großzuziehen.

In Afrika bin ich bei meiner Oma aufgewachsen und ganz

anders erzogen worden als meine Kinder hier in Deutschland. Solange ich unter ihrem Dach lebte und sie das Essen auf den Tisch brachte, galten die gleichen strengen Regeln für mich. Kam ich nach 18 Uhr nach Hause musste ich erklären, wo und mit wem ich unterwegs gewesen war – egal, ob ich sechs oder vierundzwanzig Jahre alt war! Die Freiheit, die hier üblich ist, hatte ich nicht. Außerdem werden bei uns Kinder mit einem Klaps oder mit Schlägen diszipliniert. In Deutschland schützt das Gesetz die Kinder vor körperlicher Strafe. Kinder kennen ihre Rechte und fordern sie ein. Rückblickend sehe ich einige Erziehungsmaßnahmen, die ich als Kind erlebt habe, als Misshandlung an. Würde ich noch in Afrika leben, wäre ich vermutlich genauso. Aber hier habe ich gelernt, dass man nicht die Hand heben muss, um einem Kind eine Botschaft einzuprägen. Wenn sich mein Sohn zum Beispiel falsch verhält, kann ich ihm auch sein liebstes Spielzeug wegnehmen. Ich spreche auch mit anderen Müttern aus Afrika darüber, wie wir aufgewachsen sind und unsere Kinder hier aufwachsen.

Außerdem habe ich gelernt, dass Kinder hier frei heraus sagen können, was sie denken. Manche Dinge, die Kinder hier sagen können, klingen in meinen Ohren respektlos. Zum Beispiel, wenn ich meine Tochter frage, ob sie mir etwas zu trinken bringen kann, hat sie das Recht, Nein zu sagen. Bei uns werden ältere Menschen respektiert.

Ich bringe meinen Kindern meine afrikanische Kultur bei, muss dabei aber eine gute Balance finden. Wenn meine Kinder später mal nach Afrika reisen, sollen sie sich in der Kultur dort zurechtfinden. Aber zu viel möchte ich ihnen auch nicht aufzwingen, da sie ja hier aufwachsen und vor allem mit der Kultur in Deutschland vertraut sein müssen. Was mir wichtig ist, ist der Respekt gegenüber Älteren und anderen zu helfen, wo man kann. Bei meiner Tochter funktioniert das schon ganz gut. Einmal hielten wir mit dem Auto an einer roten Ampel und sahen, wie eine ältere Dame über die Straße ging und hinfiel. Meine Tochter saß auf dem Beifahrersitz, sprang aus dem Auto und rannte zu der Dame hin, um zu fragen, ob alles gut sei. Da habe ich gemerkt, dass ich als Mutter etwas richtig gemacht habe. So eine Reaktion sieht man hier nicht oft. Außerdem ist mir Religion wichtig. Ich bin sehr gläubig und in einem christlichen Elternhaus aufgewachsen. Auch hier gehe ich zur Kirche und wünsche mir für meine Kinder ein christliches Umfeld. Eine Herausforderung dabei ist, dass die Schulkameraden meiner Kinder fragen, warum Kirche so wichtig ist und ob sie in die Kirche gehen müssen. Und meine Kinder wollen dann ihre Freiheit haben. Schön wäre es natürlich, wenn sie gerne und freiwillig mit zur Kirche kommen würden. Hier gehen wir in eine Gemeinde afrikanisch-amerikanischer Prägung, wo wir genauso singen wie bei uns zu Hause. Ich fühle mich dann immer ein bisschen wie in Afrika. Ich würde mich freuen, wenn meine Kinder diese Verbundenheit auch spüren könnten.

Als ich nach Deutschland kam, war mir bewusst, dass ich ein Opfer von Rassismus werden könnte. Ich bin nicht die Erste und werde nicht die Letzte sein, die damit zu kämpfen hat. Aber schlimm ist es, wenn ich sehe, dass es meine Kinder betrifft. Das ist einfach zu viel für mich. Eines Tages erzählte mir meine Tochter, in der Schule hätte ein Junge zu ihr gesagt, sie sähe aus wie Sch… – Sie fragte mich: »Ist es, weil ich anders als die anderen Kinder aussehe? Weil ich dunkle Haut habe?« Innerlich war ich völlig aufgewühlt, aber ich antwortete ihr ruhig: »Dieser Junge ist der, der anders ist! Er sieht, dass du besonders bist. Lass dir von niemandem das Licht, das in dir leuchtet, wegnehmen. Du bist intelligent, smart und gut, so wie du bist.« Nach diesem Vorfall wandte ich mich an den Lehrer, damit er das mit den Eltern des Kindes bespricht – ich hätte das jedenfalls nicht freundlich machen können! –, und ich bat ihn auch, mit meiner Tochter zu sprechen, um ihr ihre Zweifel und Unsicherheiten zu nehmen. Mir geht das alles sehr nahe. Es belastet mich emotional, körperlich und psychisch. Jeden Tag, wenn meine Kinder in der Schule sind, habe ich Angst, was sie dort erleben, wenn ich nicht bei ihnen bin. Diese Sorgen begleiten mich jeden Tag.

Das Beste am Muttersein in Deutschland ist, dass Kinder nicht wie in Afrika leiden und mit leeren Mägen ins Bett gehen. Außerdem ist es toll, dass das Muttersein dich hier nicht beschränkt – du kannst arbeiten oder dich weiterbilden. Ich wollte gerne eine Ausbildung machen, denn ich bin kein Mensch, der nur rumsitzt und nichts macht. Da ich in Zimbabwe, als Au-pair, als FSJlerin und natürlich auch als Mutter viel Erfahrung mit Kindern gesammelt habe, habe ich die Ausbildung zur Erzieherin begonnen. Auf die Stimmen, die sagten, ich sei zu alt oder nicht geeignet, habe ich nicht gehört. Das hält mich nicht davon ab, meinen Traum zu erfüllen.

Zu guter Letzt möchte ich ein simbabwisches Sprichwort teilen:

»*Umntwana ongakhaliyo ufela embelekweni.*«
»Ein Kind, das nicht weint, stirbt auf dem Rücken der Mutter.« In Afrika tragen ja viele Mütter ihre Babys auf dem Rücken. Das Sprichwort bedeutet, dass wenn ein Kind sich nicht beschwert, du nicht wissen wirst, was los ist, bis es tot, zum Beispiel erstickt ist. Es ist also wichtig, dass sich ein Kind bemerkbar macht.

Chris aus Zypern

Ich bin in Nikosia geboren und aufgewachsen, auf dem südlichen Teil der Insel. Studiert habe ich zwei verschiedene Studiengänge: Kommunikation und BWL. Anschließend zog ich nach London, um einen Master in PR abzuschließen. Dort lernte ich auch meinen Ehemann kennen und blieb zwei weitere Jahre. Nach unserer Hochzeit gingen wir nach Dubai, in die Vereinigten Arabischen Emirate, wo wir fast zehn Jahre lang lebten. Ich arbeitete als freiberufliche Autorin für eine Zeitung und eine Zeitschrift. Bedingt durch den Beruf meines Mannes, kamen wir im Sommer 2019 nach Deutschland. Ich bin froh, dass Deutschland und Berlin einen positiven Effekt auf meine Kreativität hatten und mir das Handwerkszeug gaben, endlich etwas Neues auszuprobieren – mein erstes Kinderbuch zu veröffentlichen. Derzeit arbeite ich an dem nächsten Buch und belege zudem Kurse, um mich weiter fortzubilden. Wir haben einen achtjährigen Sohn.

Berlin mit seiner ganzen Diversität ist ein toller Ort, um Kinder mit vielen Kulturen und Menschen vertraut zu machen. Ich glaube, das ist für jedes Kind sehr wichtig und hilft ihnen in der Entwicklung und auch, offen der Welt gegenüber zu sein. Aber Berlin ist diverser als alle anderen Städte in Deutschland, deswegen gilt das nicht für das gesamte Land. Hier kann sich die Art und Weise, wie Kinder erzogen werden, von der in meinem Heimatland unterscheiden. Ich finde, auf Zypern intervenieren die Eltern oft häufiger als notwendig bei Entscheidungen, die ein Kind zu treffen hat. Kinder sind dort nicht so unabhängig. Hier passiert oft das komplette Gegenteil: Eltern mischen sich nicht mal in den Momenten ein, in denen ein Kind vielleicht Rat zu einer bestimmten Entscheidung benötigt. Eltern nehmen sich heraus und lassen ihre Kinder selbstständig entscheiden, was toll ist, aber meines Erachtens nicht immer der beste Ansatz. Ich versuche eine Balance zwischen diesen beiden Extremen beizubehalten.

In meinem Heimatland war es normal, dass sich die Ehefrau oder Mutter um den Haushalt und die Kinder kümmert. Das ändert sich langsam, aber viele Männer weigern sich nach wie vor, bei sogenannten »Frauenaufgaben« mitzuhelfen, um nicht vor den anderen Männern als schwach zu gelten. Ich glaube, hier gibt es mehr Gleichheit in den Familien. Für die Menschen hier ist es normal, sich Aufgaben aufzuteilen, ohne darauf zu achten, für wen diese Aufgaben eigentlich gedacht sind.

Als wir noch in Dubai lebten, ging ich mit meinem Sohn oft zum Spielplatz. Meistens war ich die einzige Mutter dort. Aber nicht, weil die anderen Kinder von ihren Vätern begleitet wurden – sondern von ihren Nannys. Ich war die Einzige, die mit ihrem eigenen Kind da war. So beobachtete ich es auch in Parks und auf anderen Spielplätzen in der Stadt. Hier in Berlin ist das ganz anders. Die Kinder sind meistens mit ihren Eltern auf dem Spielplatz – ziemlich häufig auch ausschließlich in Begleitung der Väter.

Ich denke, das Beste am Muttersein in Deutschland sind die unzähligen Events, Festivals, Workshops und Aktivitäten, die man als Familie machen kann und die auch den Eltern Spaß machen. Museumsbesuche, Ausflüge in die Natur und zu historischen Stätten, Ausstellungen, Theater, Zirkus und so weiter. Die Liste ist schier unendlich und man kann es sich auch leisten.

Die größte Herausforderung war die Sprachbarriere. Langsam verbessere ich mein Deutsch und kann meinem Sohn helfen, aber am Anfang war es schwer. Außerdem nimmt die Bürokratie viel Zeit in Anspruch, es ist aber auch nicht unmöglich, damit klarzukommen.

Oft gibt es Kurse, die meinen Sohn interessieren, für die es aber eine endlos lange Warteliste gibt. Ich nehme an, das liegt daran, dass es hier viele Familien gibt, was toll ist. Was man positiv anmerken muss, ist, dass immer auf andere Angebote ausgewichen werden kann.

Gerne möchte ich meinem Kind meine Kultur nahebringen. Mir ist es wichtig, dass mein Sohn Griechisch, aber auch den zypriotischen Dialekt spricht, was eine etwas größere Herausforderung ist. Was Bücher betrifft, sind mir Äsops Fabeln und die griechische Mythologie wichtig. Aber ich denke, es gibt noch so viele Kinderbücher aus der ganzen Welt, die ich ihm gerne nahebringen möchte. Wir fahren so oft es geht nach Hause und ich gehe gerne mit meinem Sohn zu traditionellen zypriotischen Theaterstücken oder Tanzaufführungen. Er liebt es jedes Mal.

Ich hoffe, mein Sohn lernt in Deutschland selbstständiger zu sein und nie aufzuhören, Dinge zu entdecken. Aber auch wertzuschätzen, wo alles herkommt. Die Natur wertzuschätzen und sie zu schützen.

Zu guter Letzt möchte ich zwei überraschende Dinge über Kinder in Deutschland teilen:

Ich habe viele Kinder gesehen, die schon vor 8 Uhr morgens Eis essen.

Manche Leute scheinen Hunde mehr zu mögen als Kinder. Ich dachte, Berlin ist eine kinderfreundliche Stadt, was sie auf gewisse Weise auch ist. Aber seitdem wir einen Hund haben, habe ich bemerkt, dass die Leute viel freundlicher zu uns sind.

Kunstwerk- und Buchempfehlung: Da ich in Berlin lebe, entdecke ich viele Künstler und Künstlerinnen, die eine historisch wichtige Bedeutung haben. Käthe Kollwitz ist eine von ihnen. Ihr Werk über den Verlust eines Kindes geben diese Leere perfekt wieder. Ein Beispiel dafür ist »Frau mit totem Kind« von 1903. Dann gibt es da noch eine zypriotische Statuette von einer nackten Frau, die ein Kind hält, aus dem 5. Jahrhundert vor Christus. Man kann sie im Louvre in Paris sehen. Ich habe eine Replik davon zu Hause und finde sie unglaublich toll. Mich interessieren auch ägyptische Statuen und da gibt es viele, die das Muttersein thematisieren. Ich erinnere mich, dass ich im Metropolitan Museum in New York die »Statuette von Isis und Horus« sah. Obwohl ich vorher schon viele andere mit der gleichen Form gesehen hatte, hat mich die Farbe von dieser Statuette besonders gefesselt. Dann ist da noch das Bild von James Abbott McNeill Whistler »Arrangement in Grau und Schwarz: Porträt der Mutter des Künstlers« (»Whistler's Mother«) von 1871. Dieses Porträt mag ich sehr gerne, besonders wie die Mutter dargestellt wird: als würde der Künstler einen Teil von ihr für sich behalten wollen. Kürzlich habe ich ein Buch gelesen, das uns und unseren Kindern viel beibringen kann. Als Mutter empfinde ich es als große Verantwortung mit meinem Sohn über solche Themen zu sprechen: »We Should All Be Feminists« von Chimamanda Ngozi Adichie.

Nachwort

Mein Dank gilt all den wundervollen Frauen, die einen Einblick in ihr Leben und ihre Erfahrungen gewährt haben.

Dachte ich zu Beginn des Projekts, dass ich etwas über die Lebensrealität von anderen Müttern erfahren würde, über neue Perspektiven und Standpunkte, so wurde ich nicht enttäuscht. Zusätzlich konnte ich mich dank des horizonterweiternden Blicks über den Tellerrand auch selbst und meine eigene Mutterschaft reflektieren. Durch Begegnungen mit dem »Anderen« können die eigenen Vorurteile, Werte und Normen hinterfragt werden. Vieles, was hierzulande als richtig und vernünftig in der Kindererziehung gilt, sind soziale Konventionen und kulturelle Gepflogenheiten. Die innere Stimme, die mir oft zuflüstert, was ich bei der Erziehung meiner beiden Söhne zu tun und zu lassen habe, ist kein allgemeingültiges Gesetz.

Durch die Gespräche mit den Frauen wurde ich offener, neugieriger, empathischer und sensibilisierter für andere Lebensrealitäten. Besonders die mehrfach geschilderten rassistischen Aggressionen gingen mir nah. Mein Blick ist nun wacher, ich kann solidarischer handeln und im Zweifel schneller Hilfe oder Unterstützung anbieten.

Mein Wunsch ist, dass dieses Buch alle Lesenden dazu inspiriert und ermutigt, mit Menschen aus aller Herrinnen Länder ins Gespräch zu kommen. Das Erzählen der eigenen und das Hören anderer Geschichten bringt uns einander näher und kann echte Verbundenheit schenken.

SHIRIN LAUSCH (*1986), gebürtig aus Braunschweig, begeistert sich schon seit ihrer Kindheit für andere Länder, Kulturen und Menschen. Als Kleinkind lebte sie mit ihrer Familie für einige Jahre in Spanien. Später lernte und arbeitete sie in Frankreich und Mexiko. Studiert hat Shirin Lausch Spanisch und Lateinamerikastudien, sowie European Studies. Beruflich war sie bisher im kulturellen Austausch und im Bildungsbereich tätig. Shirin Lausch lebt mit ihrem Mann und zwei Söhnen in Berlin.